EinFach
Deutsch
Unterrichtsmodell

AF217820

Antike Sagen

Erarbeitet von
Nicole Heitmeier, Bernd Hendig, Katharina Kröger, Sebastian Schulz,
Judith Selzer, Miriam Teurich, Martina Korte, Dirk Wagener,
Franz Waldherr und Stefanie Wibbe

Herausgegeben von
Johannes Diekhans

? Arbeitsfrage

Einzelarbeit

Partnerarbeit

Gruppenarbeit

Unterrichts-
gespräch

abc Schreibauftrag

Szenisches Spiel

Mal- und
Zeichenauftrag

Bastelauftrag

P Projektorientierung,
offenes
Unterrichtsangebot

Vorwort

Der vorliegende Band ist Teil einer Reihe, die Lehrerinnen und Lehrern erprobte und an den Bedürfnissen der Schulpraxis orientierte Unterrichtsmodelle zu ausgewählten Ganzschriften und weiteren relevanten Themen des Faches Deutsch bietet.

Im Mittelpunkt der Modelle stehen Bausteine, die jeweils thematische Schwerpunkte mit entsprechenden Untergliederungen beinhalten.

In übersichtlich gestalteter Form erhält der Benutzer/die Benutzerin zunächst einen Überblick zu den im Modell ausführlich behandelten Bausteinen.

Es folgen:

- Hinweise zu den Handlungsträgern
- Zusammenfassung des Inhalts und der Handlungsstruktur
- Vorüberlegungen zum Einsatz des Buches im Unterricht
- Hinweise zur Konzeption des Modells
- Ausführliche Darstellung der einzelnen Bausteine
- Zusatzmaterialien

Ein besonderes Merkmal der Unterrichtsmodelle ist die Praxisorientierung. Enthalten sind kopierfähige Arbeitsblätter, Vorschläge für Klassen- und Kursarbeiten, Tafelbilder, konkrete Arbeitsaufträge, Projektvorschläge. Handlungsorientierte Methoden sind in gleicher Weise berücksichtigt wie eher traditionelle Verfahren der Texterschließung und -bearbeitung.

Das Bausteinprinzip ermöglicht es dabei den Benutzern, Unterrichtsreihen in unterschiedlicher Weise und mit unterschiedlichen thematischen Akzentuierungen zu konzipieren: Auf diese Weise erleichtern die Modelle die Unterrichtsvorbereitung und tragen zu einer Entlastung der Benutzer bei.

Das vorliegende Modell bezieht sich auf folgende Textausgabe: Antike Sagen. Schöningh Verlag, Best.-Nr. 022319-6 (Reihe EinFach Deutsch)

westermann GRUPPE

© 2003 Schöningh Verlag im Westermann Schulbuchverlag GmbH

© ab 2004 Bildungshaus Schulbuchverlage Westermann Schroedel Diesterweg Schöningh Winklers GmbH,
Georg-Westermann-Allee 66, 38104 Braunschweig
www.westermann.de

Das Werk und seine Teile sind urheberrechtlich geschützt. Jede Nutzung in anderen als den gesetzlich zugelassenen bzw. vertraglich zugestandenen Fällen bedarf der vorherigen schriftlichen Einwilligung des Verlages. Nähere Informationen zur vertraglich gestatteten Anzahl von Kopien finden Sie auf www.schulbuchkopie.de.

Für Verweise (Links) auf Internet-Adressen gilt folgender Haftungshinweis: Trotz sorgfältiger inhaltlicher Kontrolle wird die Haftung für die Inhalte der externen Seiten ausgeschlossen. Für den Inhalt dieser externen Seiten sind ausschließlich deren Betreiber verantwortlich. Sollten Sie daher auf kostenpflichtige, illegale oder anstößige Inhalte treffen, so bedauern wir dies ausdrücklich und bitten Sie, uns umgehend per E-Mail davon in Kenntnis zu setzen, damit beim Nachdruck der Verweis gelöscht wird.

Druck A⁷ / Jahr 2022
Alle Drucke der Serie A sind im Unterricht parallel verwendbar.

Umschlaggestaltung: Jennifer Kirchhof
Druck und Bindung: Westermann Druck GmbH, Georg-Westermann-Allee 66, 38104 Braunschweig

ISBN 978-3-14-022320-1

Inhaltsverzeichnis

Der Abenteurer

„Abenteurer, wo willst du hin?"

Quer in die Gefahren,
Wo ich vor tausend Jahren
Im Traume gewesen bin.

Ich will mich treiben lassen
In Welten, die nur ein Fremder sieht.
Ich möchte erkämpfen, erfassen,
Erleben, was anders geschieht.

Ein Glück ist niemals erreicht.
Mich lockt ein fernstes Gefunkel,
Mich lockt ein raunendes Dunkel
Ins nebelhafte Vielleicht.

Was ich zuvor besessen,
Was ich zuvor gewusst,
Das will ich verlieren, vergessen. –
Ich reise durch meine eigene Brust.

-Joachim Ringelnatz

Aus: Das Gesamtwerk in sieben Bänden. Hrsg. Walter Pape.
Copyright © 1994 Diogenes Verlag AG Zürich.

Carlo Saraceni: Sturz des Ikarus

Sturz des Ikarus

Pieter Brueghel: Landschaft mit Ikarussturz

7

Die Personen

Die Götter

Zeus	Gottvater, oberster Gott, schickt Donner und Blitz, Ehemann und Bruder der Hera, dargestellt mit einem Blitz in der Hand, arrogant, überheblich, geht fremd, egoistisch, rechthaberisch
Aphrodite	Göttin der Liebe und der Schönheit, Frau des Hephaistos, Geliebte des Ares, dargestellt mit einem Spiegel, arrogant, eifersüchtig, rachsüchtig
Apollon	Sonnengott, Gott der Künste, Bruder von Artemis, abgebildet mit einer Harfe
Ares	Gott des Krieges, Geliebter der Aphrodite, dargestellt mit Lanze und Schild
Artemis	Göttin der Jagd, dargestellt mit Pfeil und Bogen, Schwester von Apollon
Athene	Göttin der Weisheit, Göttin der Wissenschaften, Beschützerin des Handwerks, dargestellt mit Lanze und Schild
Demeter	Erdmutter, dargestellt mit einer Ähre in der Hand, zuständig für eine gute Ernte
Dionysos	Sohn des Zeus, Gott des Weines, dargestellt mit einer Weinrebe
Eris	Göttin der Zwietracht und des Streits
Hades	Gott der Unterwelt, Bruder von Zeus und Poseidon, Ehemann von Persephone, wird mit Zepter und Füllhorn dargestellt, ist auf Abbildungen alt
Hephaistos	Götterschmied, Ehemann der Aphrodite, abgebildet mit Werkzeug, gutmütig
Hera	Schwester und Ehefrau des Zeus, Beschützerin der Ehe, der Kinder und des Hauses, hinterlistig und gemein
Hermes	Götterbote, Beschützer der Kaufleute und Wanderer, dargestellt mit einem Helm mit Flügeln, schnell und wendig, klug
Poseidon	Gott des Meeres, dargestellt mit einem Dreizack
Prometheus	Titan, aus dem Olymp verstoßen, Schöpfer der Menschen und des Feuers, wurde von Zeus bestraft und „für die Ewigkeit" an einen Felsen gekettet
Themis	Göttin der Gerechtigkeit

Die Halbgötter und die Helden

Äneas	Sohn der Aphrodite; entrann der Vernichtung Trojas; wollte aufgrund eines Orakelspruchs nach Rom; landete in Karthago; verliebte sich in Dido; verließ sie aber wegen eines Befehls der Götter (TA, S. 90–92)
Achilles	Sohn des Königs Peleus und der Göttin Thetis; größter Held von Troja; unverwundbar, außer an der Ferse; starb im Trojanischen Krieg (TA, S. 54, 67–69)

Dädalos	Baumeister und Bildhauer zu Athen; tötete seinen Neffen; baute sich Flügel und entfloh nach Kreta (TA, S. 16–18)
Dido	Schwester des grausamen Königs von Tyrus; flüchtete nach Nordafrika; gründete dort die Stadt Karthago; verliebte sich in Äneas; brachte sich um, nachdem er sie verlassen hatte (TA, S. 90–92)
Europa	Tochter eines Sterblichen; wurde von Zeus entführt;
Herakles (röm.: Herkules)	Gewaltigster aller Helden; Sohn des Zeus und der irdischen Alkmene; er löste zwölf schwierige Aufgaben; als er starb, schenkte Zeus ihm das ewige Leben (TA, S. 25–33)
Ikaros	Sohn des Dädalos; wurde beim Fliegen übermütig; stürzte ins Meer und starb (TA, S. 16–18)
Jason	Thessalischer Königssohn; segelte mit 50 Gefährten auf dem Schiff „Argo", um das von einem Drachen bewachte „Goldene Vlies" zu holen; wurde von den Trümmern der „Argo" erschlagen (TA, S. 19–25)
Niobe	Tochter des Tantalos; Frau von Amphion; sehr klug und herrschbegabt; sie wurde stolz und überheblich; wandte sich gegen die Götter, wurde bestraft, indem ihre 14 Kinder starben und sie selber zu einer Steinsäule erstarrte (TA, S. 14–15)
Odysseus	König von Ithaka und Liebling von Athene; klug und tapfer, aber auch listig und verschlagen; befand sich zehn Jahre auf einer Irrfahrt (TA, S. 79–90)
Ödipus	War als Kind von den Eltern ausgesetzt worden; löste das Rätsel der Sphinx; wurde König von Theben; heiratete unwissentlich seine Mutter und erschlug seinen Vater; blendete sich und verließ Theben, als er es erfuhr (TA, S. 33–41)
Sisyphos	Herrscher von Korinth, frevelte und musste im Hades einen immer wieder zurückrollenden Stein einen Berg hochwälzen
Tantalos	Sohn des Zeus und einer Irdischen; durfte als Erster mit an der Tafel des Zeus speisen; vergaß die Grenzen der Götter; wurde später von Zeus mit dauerndem Hunger und Durst bestraft, weil er seinen eigenen Sohn tötete (TA, S. 12–13)
Theseus	Sohn Poseidons; tötete den Minotaurus; vereinte als König von Athen weite Teile Griechenlands

Vorüberlegungen zum Einsatz der Sagen im Unterricht

Die griechische Wissenschaft, Kunst und Literatur haben die kulturellen Leistungen Europas entscheidend geprägt. Die griechische Auffassung vom Wert des Individuums und seinem Anspruch auf persönliche Freiheit und Selbstbestimmung bildet die Grundlage demokratischer Verfassungen.

Antike Sagen entsprechen auf diesem Hintergrund ihrer Bezeichnung „antik" nur bezüglich der zeitlichen Einordnung in die Kulturgeschichte. Sie zeigen, wie sich innerhalb von einigen tausend Jahren das menschliche Weltbild, Werte und Anschauungen entwickelt und gewandelt haben. Am Anfang der Überlieferung stand die Sage als bloßes „Gerücht" oder als „Erzählung". Doch nicht alles, was eine Sage ausmacht, kann mit dem Vorwand eines bloßen Gerüchtes verworfen werden. Hinter ihnen steht häufig eine Moral, die die Gesellschaft der heutigen Zeit – wenn auch unbewusst – nachhaltig geprägt hat. In Sagen spiegeln sich nicht nur Märchen oder fantastische Geschichten, sondern auch das Leben und Denken der Menschen in früheren Zeiten.

Dennoch muss, trotz des oft unterhaltsam-abenteuerlichen Tons der Sagen, auch immer wieder bedacht werden, dass die Welt der Sagen den Schülerinnen und Schülern im Wesentlichen fremd ist; in diesem Sinne hat das vorliegende Modell und die ihm zugrunde liegende Textausgabe einführenden Charakter, der vielleicht einzelne Schüler motiviert, sich den umfangreicheren Bearbeitungen zuzuwenden. Die Schüler sollen zunächst mit den wichtigsten Sagentexten bekannt gemacht werden. Die unterrichtliche Bearbeitung hat dementsprechend zunächst einen textsichernden und auf das Textverstehen ausgerichteten Charakter; ergänzend werden die Texte aber auch als Versuche der Sinndeutung menschlichen Daseins gelesen. Insgesamt soll damit eine Grundlage für die späteren Jahrgangsstufen vorbehaltene Erkenntnis geschaffen werden, dass die antiken Sagen zum immer wieder veränderten und variierten Bestand der literarischen Tradition gehören. Sie bilden die Voraussetzung für das Verständnis vieler literarischer Texte und werden darüber hinaus auch in anderen kulturellen und wissenschaftlichen Zusammenhängen zitiert.

Das hier vorgestellte Unterrichtsmodell unterbreitet ein Angebot für die Jahrgangsstufen 5 bis 8. Die einzelnen Bausteine können in Anlehnung an die (schulinternen) Curricula für die betreffenden Jahrgangsstufen ausgewählt werden, wobei die vorgeschlagene Anordnung der Bausteine einen chronologischen Durchgang durch das Modell nahe legt (Beispiel: Jahrgangsstufe 5,2: Bausteine 1,2,3. – Jahrgangsstufe 6,1: Bausteine 3 und 4. – Jahrgangsstufe 6,2: Bausteine 5 und 6. – Jahrgangsstufe 7,1: Bausteine 7 und 8. – Jahrgangsstufe 7,2: Baustein 9. – Jahrgangsstufe 8,1: Baustein 10). Die Textausgabe wird entsprechend kapitelweise und unterrichtsbegleitend gelesen. Insbesondere die Sagen um Troja und Odysseus erlauben dabei eine fächerverbindende Arbeit mit den Fächern Kunst, Religion und Geschichte.
Das Unterrichtsmodell bietet zahlreiche produktionsorientierte Schreibaufgaben an, die für eine Klassenarbeit aufgegriffen werden können:

– Vorschlag 1 (Bezug: Bausteine 3 und 9)
Kurz nachdem Odysseus die Meeresungeheuer hinter sich gelassen hat, geht er in Sizilien an Land, um sein leck geschlagenes Schiff zu reparieren. Dort trifft er den Baumeister Dädalos. – Dädalos, ein begeisterter Leser des „Trojaner Kurier", wirft Odysseus vor, Schuld am Untergang Trojas zu haben. Im Verlauf des Gesprächs setzt sich Odysseus zur Wehr. – Schreibe den Dialog.

– Vorschlag 2 (Bezug: Baustein 2)
Stell dir vor, Tantalos, Sisyphos und Niobe treffen sich. Jeder der drei kennt die Freveltaten der/des anderen. Unter ihnen entbrennt ein heftiger Streit. Jeder macht dem/der anderen Vorwürfe über seine/ihre Vermessenheit. – Schreibe das Gespräch auf.

– Vorschlag 3 (Bezug: Baustein 5; der Sagenschluss wird umgeschrieben)
Erfinde eine Gestalt, die Deinaneira warnt. Hoffentlich kommt deine Warnung früh genug!

– Vorschlag 4 (Bezug: Baustein 6)
Nach dem Tod seines Vaters macht Theseus sich Vorwürfe. Wie konnte es nur passieren, dass er vergaß, die schwarzen gegen die weißen Segel einzutauschen? Schreibe einen Brief, den Theseus an seinen Freund Herakles verfasst. In diesem Brief schildert er seine Gedanken zum Tod seines Vaters und gibt sich die Schuld an dem Unglück.

Konzeption des Unterrichtsmodells

Als mythologische Formen stellten die antiken Sagen „Wissen in Geschichten" dar, die über die Stellung des Menschen in der ihn umgebenden Wirklichkeit Auskunft gaben.

Gleich am Anfang der griechischen Kultur stehen mit der „Ilias" und der „Odyssee" zwei literarische Hochleistungen, die man dem Dichter Homeros zuschrieb. Ist die „Ilias" mit den Berichten vom Trojanischen Krieg dem Ruhm heroischer Vorzeit gewidmet, stellt die „Odyssee", strukturell betrachtet, eine typische Abenteuer- und Heimkehrgeschichte mit eigentlich selbstständigen Einzelgeschichten dar. – Kaum geringere Bedeutung scheinen die Versepen um Theben (Ödipus), von der Argonautenfahrt und von Herakles genossen zu haben.

Wohl nur unwesentlich später als Homers Versepen ist zumindest im Grundbestand die erste systematische Gestaltung der mythischen Überlieferung der Griechen anzusetzen, die „Theogonia" des Hesiodos (um 700 v. Chr.) – Hesiod ist der erste historisch verbürgte Autor der Griechen. Mit seiner Genealogie von Göttern und Helden ordnet er die Vielfalt überlieferter Geschichten und stellt jede Gestalt an ihren Ort. – Das vorliegende Modell vermittelt in Anlehnung an die literarische und kulturelle Bedeutung der Texte und der beiden oben genannten Autoren eine repräsentative Auswahl der wichtigsten antiken Sagen und Sagenkreise.

Mit dem **Baustein 1** sollen die Schülerinnen und Schüler in die Welt der Sagen eingeführt werden. Sie sollen sich in diesem Baustein ein Grundwissen über Sagen und griechische Götter erarbeiten und außerdem Einblicke in die Mythologie der alten Griechen bekommen. Die Schülerinnen und Schüler sollen zunächst erarbeiten, was Sagen sind und welche Bedeutung diese für die alten Griechen hatten, um dann in weiteren Schritten Sagen kennen zu lernen und sie mit Geschichten unserer Welt zu vergleichen.

Thema des **Bausteins 2** sind die Sagen von Sisyphos, Tantalos und Niobe. Zentraler Handlungsschwerpunkt ist bei allen drei Sagen das Thema der Vermessenheit, Hybris genannt. Die Protagonisten aller drei Sagen haben, jeder auf seine Art, mit diesem Thema zu tun. Daher sollen diese Sagen auch in einem Komplex behandelt werden. Außerdem gehören sie zu den kleineren Sagen, was die Besprechung aller Inhalte auf einmal ermöglicht.

Mit dem **Baustein 3** soll die Sage „Dädalos und Ikaros" behandelt werden. Im Mittelpunkt des Unterrichts steht die Problematisierung der Schuldfrage. Einzelne Szenen der Sage werden spielerisch erarbeitet und diskutiert. Im Vordergrund stehen dabei die Sinnelemente der Sage wie Schuld, Strafe und Gehorsam. Eine zusätzliche geografische Orientierung erleichtert die Sicherung der Sageninhalte. Die Schülerinnen und Schüler sollen am Ende der Unterrichtseinheit die Sage hinsichtlich ihrer ethischen Aspekte erarbeitet haben und die Bedeutung von Sagen allgemein auf die Gegenwart projizieren können.

Dem **Baustein 4** liegt die „Argonautensage" zugrunde. Der erste Teil des Unterrichtsvorschlags bezieht sich auf einzelne Abschnitte der Argonautensage und soll der Textsicherung und einer ersten Verarbeitung des Inhalts dienen. Die Schülerinnen und Schüler sollen sich dazu einen Abschnitt der Sage aussuchen, diesen malen und anschließend ihr Bild (unter Begründung ihrer Wahl) den Mitschülern vorstellen. Weitere mögliche Arbeitsaufträge zur inhaltlichen Sicherung werden vorgestellt. Bei ihnen handelt es sich um Schreibaufträge, die gewährleisten, dass eine inhaltliche Auseinandersetzung mit der Sage stattfindet, indem sich die Schüler und Schülerinnen in die Helden der Sage hineinversetzen müssen.

Im **Baustein 5** sollen die Schülerinnen und Schüler den Grundstock der Heraklessagen anhand von Herakles' „Lebenslauf" kennen lernen. Der Baustein bietet die Möglichkeit, mit den Lernenden die Taten des Herakles zu beurteilen. Seine Entscheidung zwischen

Glückseligkeit und Tüchtigkeit steht zur Debatte. Im Vordergrund des Bausteins soll die kritische Auseinandersetzung mit dem Begriff „Held" stehen. Textgrundlage hierfür sind die zwölf Heldentaten des Herakles, die er für Eurystheus erbringen muss. Wann ist wer ein Held? Welche Taten lassen sich als Heldentaten bezeichnen und welche nicht?

Baustein 6 beschäftigt sich mit Theseus. Dieser vollbrachte zahlreiche Taten, die mit denen des Herakles oft eng verbunden sind. Zu Beginn dieses Bausteins wird daher an den vorhergehenden Sagenkomplex „Herakles" angeknüpft, indem Parallelen zwischen den beiden Helden erarbeitet werden.

Durch Aufgaben wie die Erstellung eines Steckbriefs, Schreiben eines Briefes und eines Zeitungsartikels werden nicht nur Aktualitätsbezüge hergestellt, sondern die Schülerinnen und Schüler werden durch diese selbstständigen Arbeitsformen auch kreativ angesprochen. Durch zahlreiche Partner- und Gruppenarbeiten wird die Zusammenarbeit und Teamfähigkeit gefördert. Darüber hinaus nimmt das Theaterspielen einen großen Stellenwert ein, wobei die Schülerinnen und Schüler ermutigt werden, neue Rollen einzunehmen, damit zu experimentieren und Möglichkeiten zu finden, eine bekannte griechische Sage spielerisch und mit allen Mitschülern zu gestalten. Die Schülerinnen und Schüler erhalten so auch Einblicke in das, was man unter Drama versteht und nach welchen formalen Kriterien es funktioniert. Ein Exkurs über das griechische Theater zeigt ihnen, wie Theater im antiken Griechenland aussah und unter welchen Bedingungen zur damaligen Zeit Aufführungen stattgefunden haben.

Der **Baustein 7** beschäftigt sich mit Ödipus und seinem Schicksal. Mit handlungs- und produktionsorientierten Aufgaben sollen die Schülerinnen und Schüler an diese Sage herangeführt werden.

Da bei dieser Sage Orakel eine zentrale Bedeutung spielen, ist ein Exkurs zu diesem Thema in den Baustein integriert. Das Delphische Orakel, um das es in dieser Sage geht, wird vorgestellt. Daran anknüpfend soll die Bedeutung und Funktion von Orakelstätten geklärt werden.

In **Baustein 8** werden verschiedene Vorschläge unterbreitet, wie man mit der Sage von Troja arbeiten kann. Vornehmlich werden produktions- und handlungsorientierte Aufgaben vorgeschlagen.

Über die Schuldfrage an dem langen Krieg um Troja soll im Anschluss an die Behandlung der Sage ebenfalls diskutiert werden. Die Schülerinnen und Schüler werden schrittweise zu diesem problematischen Diskussionsthema hingeführt. Das verzögerte Lesen dient dabei als Hilfe. Da es sich auch bei dieser Sage um eine längere handelt, soll die Vorgeschichte mit einer Darstellung der Götter und Helden dieser Sage als Arbeitsblatt präsentiert werden.

Dem **Baustein 9** liegt das zweite Epos Homers zugrunde, die „Odyssee". Der erste Teil verknüpft den Baustein mit dem vorausgehenden Sagenkomplex um Troja und damit auch mit dem ersten Epos, der „Ilias". Dabei folgt der vorgeschlagene Unterrichtsverlauf der Textausgabe. Die „Stationen einer Irrfahrt" widmen sich dem Prozess der Überlieferung von Sagen. Die Schülerinnen und Schüler erhalten ausgewählte Abenteuer des Odysseus, die sie in Form einer Nacherzählung eigenständig überliefern sollen. Dabei setzen sie sich kritisch mit Sagen auseinander und lernen eine grundlegende Art des Aufsatzes kennen. Der letzte Teil geht auf das gewandelte Weltbild zwischen der „Ilias" und der „Odyssee" ein: Eine eher friedliche Welt steht nun der durch Krieg gezeichneten Welt der „Ilias" gegenüber. Dabei vollzieht sich auch eine Veränderung im Bereich der ethischen Grundlagen – eine neue Ethik lässt sich an der Person des Odysseus festmachen.

Der **Baustein 10** beschäftigt sich mit der „Äneis" (TA, S. 90–92).

Nach einer Einführung in das Werk und den Autor stellt der zweite Teil des Bausteins die Verheißung, die Äneas nach seiner Flucht aus Troja erhält, in einen wirkungsgeschichtlichen Zusammenhang. Daran soll verdeutlicht werden, inwiefern Sagen aus der Vergangenheit auch für die Gegenwart relevant sind. Zunächst wird dabei auf die Legitimation des Römischen Reiches aus dieser Verheißung eingegangen. Anschließend sollen sich die

Schüler mit ähnlichen Phänomenen in ihrer eigenen näheren Umgebung befassen, den Gründungssagen ihrer Heimatorte.

Im Anschluss daran ist die Beziehung von Äneas und Dido Thema. Zunächst soll dabei auf Äneas' Situation als Flüchtling eingegangen werden. Anschließend kann gegebenenfalls die sich in diesen Ereignissen zeigende Parallelität der Äneis mit Homers „Odyssee" herausgearbeitet werden.

Am Beispiel einer Szene zwischen Äneas und Dido soll die Wirkungsgeschichte der Äneis Vergils als wichtiges literarisches Werk auch in späterer Zeit aufgezeigt werden. Hierzu dient ein Auszug aus der mittelalterlichen Bearbeitung des Heinrich von Veldeke (spätes 12. Jahrhundert) als Beispiel.

Die thematischen Bausteine des Unterrichtsmodells

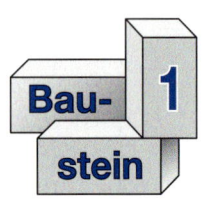 **Bau- stein 1** *Die Götter und Prometheus*

1.1 ☐ Die griechische Götterwelt

Im alten Griechenland gab es viele verschiedene Götter, die alle eine bestimmte Position innehatten und besondere Aufgaben übernahmen.

Zum Einstieg in die Erarbeitung werden die Schüler aufgefordert, zwei Texte (Arbeitsblatt 1 und/oder Arbeitsblatt 2, S. 18f.) über die griechischen Götter zu lesen, in denen die Verwandtschaftsverhältnisse dargestellt werden und auch Eigenschaften bzw. Charakterzüge einiger Götter zu erkennen sind.
Wahlweise sollen zu Hause beide Texte gelesen werden, oder eine Hälfte der Klasse liest den einen, die andere Hälfte den anderen Text.

Die Schüler werden zunächst aufgefordert, sich in Vierergruppen zusammenzuschließen und mithilfe der Leitfragen in eigenen Worten die gelesenen Texte wiederzugeben. Sollte nicht jeder beide Texte kennen, empfiehlt es sich, immer zwei Schüler mit gleichen Textkenntnissen in der Gruppe zu haben. Im Anschluss daran soll in den Gruppen überlegt werden, welche Rolle die Götter im Leben der Griechen spielten und wie sich diese äußerte.
Als Arbeitsauftrag könnte formuliert werden:

☐ *Notiert, welche Bedeutung die Götter für die Griechen hatten.*

Die einzelnen Stichpunkte der Gruppen werden dann im Klassenverband gesammelt und an der Tafel fixiert.
Die Ergebnisse können wie folgt aussehen:

Die Götter der Griechen

- Götter werden sehr verehrt

- Jedes Jahr wird ein Fest für die Götter gefeiert, an dem alle Bürger teilnehmen dürfen.

- Nur Eingeweihte dürfen dem Tempelkult beiwohnen.

- Mit den Göttern werden Naturerscheinungen erklärt.

- Die Götter übernehmen bestimmte Aufgaben im Alltag (z.B. sorgte Demeter für die Fruchtbarkeit auf den Feldern).

- Jeder Gott hat eine Geschichte.

- Götter haben menschliche Verhaltensweisen.

14

Im Anschluss an diese Phase sollte vonseiten der Lehrperson ein kurzer Ausblick auf Homer und die „Ilias" gegeben werden, um zu verdeutlichen, woher das Wissen über die Götter, die Götterwelt und die Griechen stammt (s. auch Zusatzmaterial 1: Homer und die „Ilias", S. 95).

In einer abschließenden Diskussion sollen die Schüler in der großen Gruppe noch einmal über die Texte und das, was sie an den Göttern interessiert, sprechen und mitteilen, welche Götter sie schon kennen. Hierbei wird von Anfang an geklärt, dass es sich in dieser Unterrichtsreihe nur um die Götter der griechischen Mythologie handelt.

In der nächsten Phase werden ausgewählte Götter näher betrachtet.
Dazu lesen die Schüler einen Text (TA, S. 97–101 oder Arbeitsblatt 3, S. 20), wobei sie Arbeitsblatt 2 zur weiteren Unterstützung heranziehen können.

Nach der Inhaltssicherung wird die Klasse in Gruppen eingeteilt und jede Gruppe bekommt den Auftrag, einen bestimmten Gott näher zu kennzeichnen.

❐ *Welche Funktion übernimmt der Gott im Götterhimmel?*
Hat der Gott Verwandte unter den Göttern? Welche sind das?
Was erfahrt ihr über seinen Charakter?
Hat er ein Erkennungszeichen, mit dem er (z.B. in Büchern) abgebildet wird?

Zur Bearbeitung werden Karteikarten verteilt, auf denen jeweils der Name eines Gottes notiert ist, z.B. Zeus, Hephaistos, Aphrodite, Apollon, Hera, Athene, Ares, Hermes, Demeter, Artemis oder Poseidon. Nach der Gruppenarbeit stellt eine Gruppe in einem Ratespiel ihren Gott vor, indem sie die Antworten auf die oben genannten Fragen präsentiert. Ergänzend kann auch ein Lexikon hinzugezogen werden.

Auf einer Folie (Arbeitsblatt 4, S. 22) werden vom Lehrenden zeitgleich Stichpunkte (passend zu den Fragestellungen) zu den verschiedenen Göttern festgehalten. Die Schüler erhalten das Arbeitsblatt 4 als Kopie und übernehmen die Ergebnisse von der Tafel.

Abschließend kann folgender Auftrag schriftlich bearbeitet werden:

❐ *Schreibe in eigenen Worten auf, welche Stellung die Götter im alten Griechenland hatten, welche Ursache der Götterglaube möglicherweise hatte und wieso man nun nicht mehr an die Götter von damals glaubt (siehe auch Arbeitsblatt 1).*

1.2 ❐ Die Sagenwelt

Die Schülerinnen und Schüler sollen nun in die Welt der Sagen eingeführt werden, indem zunächst eine allgemeine Vorstellung von Sagen erarbeitet wird, die dann in den nächsten Bausteinen mit der genauen Bearbeitung ausgewählter Sagen vertieft wird.

Die Volkssagen wurden mündlich überliefert und enthalten meist sehr genaue Aussagen. Sagen sind oft an bestimmte Orte gebunden und zeitlich genau festgelegt. Man kann zwischen mehreren Arten von Sagen unterscheiden, sowohl aufgrund ihrer Funktion als auch ihres Inhalts. Die Schüler sollen mithilfe des Arbeitsblatts 5 (S. 23) einen Überblick erhalten. Nach dem Lesen des Textes sollen folgende Fragen bearbeitet werden:

❐ *Was erfährst du aus dem Text über Sagen?*
Welche Arten von Sagen gibt es? Wovon handeln sie?
Was versteht man unter „Mythologie"?

Sagen

- Sagen wurden mündlich überliefert.

- Sie enthalten genaue Aussagen.

- Sie sind häufig an Orte gebunden und zeitlich genau festgelegt.

- Manche Sagen dienten nur zur Unterhaltung, andere berichten über ein bestimmtes Ereignis (Glaubens- oder Erlebnissagen).

- **Dämonische Sagen** beschäftigen sich mit Drachen, Gespenstern usw.

- **Wissens-Sagen** beziehen sich auf tatsächliche Ereignisse, z.B. Kriege.

- **Erklärungssagen** enthalten Erklärungsversuche über Erscheinungen der Natur, bei Menschen oder Tieren.

- **Göttersagen oder Mythen** berichten aus der Frühzeit der Völker, vom Ursprung der Welt und von den Göttern.

- Unter Mythologie verstand man früher den Vortrag von überlieferten heiligen Berichten. Heute versteht man darunter alle aufgezeichneten Aussagen über die Götterwelt.

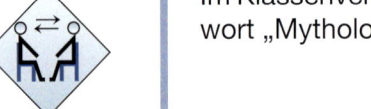

In der anschließenden Phase sollen die Schüler gegebenenfalls auf der Grundlage ihres Vorwissens ein Sagenrätsel bearbeiten, das allgemein bekannte Sagen umfasst, sodass davon ausgegangen werden kann, dass die Schüler keine Schwierigkeiten bei der Bearbeitung haben werden (Arbeitsblatt 6, S. 24ff.).
Im Klassenverband wird dann anschließend jede Sage kurz thematisiert und das Lösungswort „Mythologie" genannt.

1.3 ◻ Prometheus

Prometheus ist ein Titan, der mit seinen eigenen Händen die Menschen erschaffen haben soll und ihnen anfänglich bei der Bewältigung des Lebens half. Er geriet wegen der Menschen mit den Göttern in Konflikt, die wollten, dass die Menschen sie verehrten und ihnen opferten. Prometheus gefiel dies nicht, da die Götter nichts für die Menschen getan hatten. Er überlistete die Götter und brachte den Menschen das Feuer.
Daraufhin wurde er von Zeus bestraft und an den Kaukasus gefesselt, wo er 30 000 Jahre bleiben sollte, es sei denn, ein anderer gäbe sein Leben für ihn. Nach mehreren Jahrhunderten befreite Herakles Prometheus von seinen Qualen und der Kentaur Chiron opferte sich für ihn.

Zu Beginn der Bearbeitung dieser Sage sollen die Schüler den Text über die antike Vorstellung von der Entstehung des Weltalls lesen (TA, S. 5–6).

◻ *Schreibt stichwortartig auf, wie die Menschen sich die Entstehung der Welt vorstellten.*

In einem zweiten Schritt sollen die Schüler den Text über die Erschaffung des Menschen lesen (TA, S. 6–7). Hier wird deutlich, dass manche Sagen eine ähnliche Funktion hatten wie entsprechende Texte in der Bibel, denn auch hier wird die Frage nach der Herkunft des Menschen beantwortet. Im Unterrichtsgespräch kann auf die Parallelen zur biblischen Schöpfungsgeschichte verwiesen werden.

Im Anschluss daran sollen die Schüler die Geschichte von Prometheus bis zu der Stelle lesen, an der Prometheus den Menschen das Feuer gibt (TA S. 7–9).

16

Als Einstieg eignet sich die offene Frage nach dem Inhalt dieses Abschnitts der Geschichte, um das Textverständnis zu sichern.
Vertiefend kann dann wie folgt weitergearbeitet werden:

❒ *Welche Rolle spielt Prometheus in der Versammlung?*

Prometheus übernimmt auf der einen Seite die Rolle des Vermittlers und Anwalts der Menschen, indem er einschreitet, wenn die Götter zu viel fordern (TA, S. 7, Z. 32). Auf der anderen Seite kämpft er aber auch für sich, denn er beurteilt es kritisch, dass er die Menschen erschaffen hat, diese aber die Götter verehren sollen und nicht ihn. Hinzu kommt noch, dass er aus dem Götterhimmel vertrieben wurde, durch Zeus und die anderen Götter ersetzt wurde und nun auf der Erde agieren muss (TA, S. 7, Z. 27). Es wird deutlich, dass auch in den Sagen schon Neid, Schuld und Strafe eine Rolle spielen, die Menschen also ihre Gefühle in den Sagen gespiegelt fanden. Durch diese Gegebenheiten kommt es dann zum Streit zwischen Zeus und Prometheus, da Zeus es nicht ertragen kann, dass Prometheus versucht, ihn zu überlisten.
Im Anschluss sollten die Schüler in die Rolle von Prometheus schlüpfen, um mithilfe eines Perspektivenwechsels das bisherige Wissen zu vertiefen:

❒ *Schreibt eine Rede, die Prometheus auf dem Olymp hält, um Zeus zu überzeugen, dass es unfair ist, dass die Menschen die Regeln und Pflichten der Götter anerkennen und ihnen Opfer bringen müssen. Berücksichtige dabei auch, wie er die Menschen erschaffen hat und welches Problem es im Vorfeld zwischen Zeus und ihm gegeben hat.*

Bei der Erfüllung dieser Aufgabe sollte der Schwerpunkt hauptsächlich auf der Ungerechtigkeit Prometheus gegenüber liegen, der als Schöpfer der Menschen von den Göttern nicht anerkannt wird, während die Götter verehrt werden wollen und Opfer fordern.
Nun soll der letzte Text gelesen werden, in dem es um die Bestrafung der Menschen und Prometheus geht (TA, S. 9–11). Der Bearbeitung des Textes liegen folgende Fragen zugrunde:

❒ *Warum genau wird Prometheus von Zeus bestraft? (TA, S. 7–11)*
❒ *Geschieht alles so, wie Zeus es sich wünscht? Wird die Strafe in vollem Maße durchgesetzt?*
❒ *Warum wird Prometheus als Feind bezeichnet? (TA, S. 11)*

Die Antwort auf die erste Frage zeigt, dass Prometheus wegen seiner List bestraft wird, mit der er sich gegen Zeus' Anweisung wendet.
Mit der zweiten Frage wird beabsichtigt, die Ironie des letzten Textes herauszustellen, die darauf zielt, dass die Strafe des Göttervaters, des Himmelsherrn, eigentlich nicht wirklich erfüllt wird, man Prometheus jedoch einen Ring ansteckt, damit dieser auf 30 000 Jahre an den Kaukasus gefesselt bleibt (TA, S. 11, Zeile 10–18).
Mit der letzten Frage soll die Strafe in einen größeren Zusammenhang gestellt werden. Denn Prometheus wird nicht nur als Feind gesehen, weil er sich in dieser Situation gegen den Göttervater gestellt hat, sondern auch, weil er als Neffe des Kronos einst von Zeus aus dem Olymp ausgeschlossen wurde.
Mit dem Wunsch, der nicht in Erfüllung gehen sollte, ihre Kinder, die Giganten, wieder aus der Unterwelt in den Kosmos zu holen, zettelte seine Tante einen Krieg im Kosmos an, der dazu führte, dass Zeus und die anderen Götter die Herrschaft übernahmen und die Titanen getötet oder verbannt wurden. Durch diesen Kampf wurde Prometheus, der Titan, zum Feind von Zeus.

Abschließend können die Schülerinnen und Schüler dazu aufgefordert werden, einen kurzen Kommentar zu schreiben:

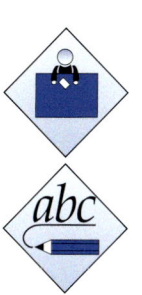

❒ *Wie hat dir die Sage gefallen? Was war deiner Meinung nach am interessantesten?*

Der Mythos um die Göttin Demeter

Man schreibt den 15. des Monats Boedromium – das entspricht dem Anfang des Oktobers unserer Kalendereinteilung:

Es ist früh am Morgen. Schon am Vortag wurden
5 die heiligen „Gegenstände" nach Athen gebracht. Man trug sie in Körben vom 20 Kilometer entfernten Eleusis hierher. Die „Mysten" – wie sich die Anhänger der Göttin Demeter nennen – geraten beim Empfang dieser Nachricht in helle Auf-
10 regung, denn sie wissen: Die Feier wird bald beginnen. Als Erstes wird dazu ein öffentliches Opfer gebracht, dann folgt eine Prozession zur nahe gelegenen Bucht Phaleron. Ein Heer von Menschen (an der Feier darf jeder teilnehmen) in we-
15 henden weißen Gewändern ist unterwegs. Man reinigt sich zuerst im Meerwasser, dann opfert jeder ein Ferkel zu Ehren der Göttin. Ganz Griechenland betrachtet diesen Tag als heilig, auch die, die nicht zu den Eingeweihten gehören. Alle
20 Kriegshandlungen werden in diesen Tagen eingestellt, damit jeder, der zu den Feiern will, freies Geleit hat. Am 17. Boedromium ist es dann so weit: Etwa zwei- bis dreitausend Menschen formieren sich zum Zug nach Eleusis. In vorderster
25 Reihe tragen Priester und Priesterinnen Abbildungen der Göttin und jene geheimnisvollen Kultgegenstände, die in den Körben liegen. Die Mysten haben Reiseproviant dabei, viele stimmen Hymnen an und gelegentlich wird getanzt.

30 Die Eingeweihten wussten, wie die Zeremonie abläuft und die Uneingeweihten wussten nur, dass der Mythos über die Göttin Demeter und ihre Tochter eine große Rolle spielte. Nach diesem Mythos wurde die Tochter an einem schönen Tag von dem Gott Hades (dem Gott der Unterwelt) 35 entführt, damit sie seine Braut würde. Verzweifelt suchte Demeter, die Erdmutter, nach ihrer Tochter. Dabei vernachlässigte sie ihre Aufgabe, für fruchtbare Felder zu sorgen; die Felder verdorrten und das Wohl der Menschen war gefährdet. 40 Schließlich griff Zeus ein und vermittelte zwischen Hades und Demeter: Zwei Drittel des Jahres sollte die Tochter bei ihrer Mutter sein und ein Drittel des Jahres, im Winter, bei ihrem Ehemann. Im Tempel in Athen erlebten die Eingeweihten in einem 45 Schauspiel die Auferstehung von Demeters Tochter aus der Unterwelt, die gemeinsam mit einem Kind in Erscheinung trat. Dies war für die Griechen eine Offenbarung: Es war die Auferstehung von Demeters Tochter und stand für die Fruchtbarkeit 50 auf den Feldern, denn nun konnte Demeter sich ganz ihrer Aufgabe widmen.

Von diesen Festen gab es im alten Griechenland sehr viele, die alle ähnlich abliefen, aber für verschiedene Götter abgehalten wurden. Fast immer 55 wird eine Art der Auferstehung gefeiert. Im Laufe der Jahre nahm jedoch das Christentum, das neben seinem Glauben auch eine Fürsorgepflicht für arme Menschen hatte, an Bedeutung zu und verdrängte im Verlauf des vierten Jahrhunderts die 60 antiken Götter endgültig. Die Mysten sind jedoch nie ganz verschwunden. Die Bauern um Eleusis beteten noch im 19. Jahrhundert eine heilige Demeter an, die darüber wachte, dass das Korn besonders schön wuchs. 65

Nach: P.M. History, Mai 2002, S. 48–53 (stark zusammengefasst)

❏ *Welche Bedeutung hatte die Göttin Demeter für die Griechen?*

EinFach Deutsch: Unterrichtsmodell: Antike Sagen © Schöningh Verlag 2004

Im Olymp ist die Hölle los

Im Himmel ist die Hölle los: Die griechischen Götter streiten, zanken und keifen, tricksen einander
aus, sind eifersüchtig und unbeherrscht und
durchaus bereit zu einem Flirt. Allein die Eifer-
5 suchtsszene auf dem Olymp, die letztlich Paris
schlichten musste, verrät einiges über die Persön-
lichkeiten der Unsterblichen: Die Göttinnen Hera,
Athene und Aphrodite können sich nicht einigen,
wer die Schönste ist. Zeus, der Herrscher des
10 Olymp, fürchtet sich derart vor seiner heimtückischen Gemahlin Hera, dass er es nicht wagt, einen Schiedsspruch zu fällen. Statt sich zu entscheiden, gibt er die Verantwortung an einen
Sterblichen ab und nimmt dadurch den Ausbruch
15 eines Krieges in Kauf. Zeus zeigt dann später auch
in diesem Krieg einige Führungsschwächen: Statt
die kriegerischen Handlungen zu beaufsichtigen
und zu lenken, lässt er sich von Thetis um den
Finger wickeln, um dann zu Hera zurückzukehren.
20

Man sieht also, dass nicht einmal die Götter gegen 20
übermenschliche Kräfte, wie zum Beispiel die Liebe, gewappnet waren.

Die griechische Mythologie brachte die Menschenwelt mit den Göttern in Verbindung: So galt
Aphrodite beispielsweise als Verursacherin der 25
Leidenschaft, Zeus als Garant für Ordnung, Hera
war zuständig für die Ehe und Athene wurde als
die Beschützerin des Handwerks verehrt.

Aber die Götter waren nicht nur für menschliche
Angelegenheiten verantwortlich, sondern sie wur- 30
den auch für Gewitter und Stürme, Seegang, Erd-
beben und Feuer von den Menschen verantwortlich gemacht. Das Erleben der Naturgewalten
stellt in den Kulturen den Ursprung für den Glauben an Götter dar, so vermuten Historiker. 35

Nach: P.M. History, Mai 2002, S. 43

❐ *Lies den Text und kennzeichne, welche Götter hier angesprochen und welche Eigenschaften ihnen
zugeordnet werden.*

Wie ein Apfel Zeus ins Schwitzen brachte

Den unsterblichen Göttern auf dem Olymp ist keine menschliche Regung fremd. Sie kennen Liebe und Hass, Freude und Angst, Glück und Verzweiflung. Eris beispielsweise ist tödlich beleidigt, weil
5 sie als Einzige nicht zur Hochzeitsfeier der schönen, silberfüßigen Thetis eingeladen wird. Zeus hat jedoch keine andere Wahl: Er kann die Göttin der Zwietracht und des Streits nicht guten Gewissens auf die Gästeliste setzen. Denn wo Eris mit
10 ihren blutigen und zerfetzten Gewändern auftaucht, droht Streit. Und den kann der Göttervater nun wahrhaftig nicht gebrauchen. Die Hochzeit steht ohnehin unter keinem guten Stern: Die Meeresgöttin Thetis gibt dem Sterblichen Peleus nur
15 widerwillig ihr Ja-Wort. Eigentlich will sie keinen Mann zweiter Klasse heiraten. Hat sie auch gar nicht nötig, denn sie ist so schön, dass sogar Zeus von ihr hingerissen ist. Zu allen diesen negativen Begebenheiten kommt nun noch hinzu,
20 dass die verärgerte Eris sich rächen will. Dies tut sie natürlich, indem sie Zwietracht sät: Sie graviert in einen goldenen Apfel „Der Schönsten" hinein und geht damit zu der Hochzeitsfeier. Da sie aber sehr spät dort ankommt und auch nicht zum Mahl
25 hineingelassen wird, wirft sie ihren Apfel von der Tür aus in den Raum und sagt laut, die Schönste im Raum solle ihn aufheben. Daraufhin entbrennt unter den Göttinnen sofort ein schlimmer Streit: Aphrodite meint, dass nur ihr der Apfel zustehe,
30 da jeder wisse, wie anmutig und schön sie sei. Doch auch Hera beansprucht den Apfel, denn der große Zeus selber habe sie zur Gemahlin genommen.

Und auch Athene meldet Ansprüche an: Schön
35 heit sei nur dann perfekt, wenn sie mit Weisheit zusammenkomme. Und darum könne nur sie, die Göttin der Weisheit, den Apfel bekommen. Die gute Stimmung ist nun dahin, denn die Göttinnen keifen und streiten und die anderen Gäste sind
40 völlig genervt. Um die Stimmung wieder herzustellen und die Göttinnen zu beruhigen, bitten sie Zeus, ein Urteil zu fällen, damit der Streit beendet wird. Nun sitzt dieser in der Klemme, denn Entscheidungen sind nicht seine Stärke und diesmal ist die Sache besonders vertrackt: Er kann den 45 Apfel nur einer Göttin geben. Zwei wären daher zwangsläufig beleidigt. Wenn er könnte, wie er wollte, würde er den Apfel seiner Tochter Aphrodite, der Göttin der Liebe und der Zeugung, überreichen, zu der er sich auf geheimnisvolle Art hin- 50 gezogen fühlt. Auch seine Lieblingstochter Athene würde er gerne auszeichnen, denn mit ihr fühlt er sich geistig am engsten verbunden. Hat er sie doch einst ohne Zutun eines weiblichen Wesens gezeugt – man sagt, sie sei seinem Kopf entsprun- 55 gen. Doch Zeus weiß genau, was passieren würde, wenn er sich zu Gunsten einer seiner Töchter entscheiden würde: Hera, seine eifersüchtige und ziemlich heimtückische Frau, wäre ihm bis an sein Lebensende böse.   60
Daraufhin folgt Zeus dem Rat von Themis, der Göttin der Gerechtigkeit, das Urteil Paris, einem Sterblichen, zu überlassen. Als Hermes, der Götterbote, bei Paris mit den Göttinnen erscheint, versuchen diese sofort, ihn zu bestechen, indem 65 jede ihm etwas anbietet, falls er sie wählen sollte. Am Ende entscheidet er sich für die Liebe, für Aphrodite.
Aus: P.M. History, Mai 2002, Gruner und Jahr AG, S. 36–37 (gekürzt)

❏ *Fertige eine Tabelle an, in der du den angesprochenen Göttern Charaktereigenschaften zuordnest, die im Text beschrieben werden.*

20

EinFach Deutsch: Unterrichtsmodell: Antike Sagen © Schöningh Verlag 2004

Die Götter

Zeus

Hephaistos

Aphrodite

Apollon

Hera

Athene

Ares

Hermes

Demeter

Poseidon

Artemis

Schreibe jeweils zu den Figuren:
- *Welche Eigenschaft hat der Gott/die Göttin?*
- *Welche Charaktereigenschaft kann man ihm/ihr zuordnen?*
- *Mit wem ist der Gott verwandt? (Vater von.../Ehefrau von...)*
- *Was ist das Erkennungszeichen des Gottes/der Göttin?*

Einfach Deutsch: Unterrichtsmodell. Antike Sagen © Schöningh Verlag 2004

Die Götter – Lösungsvorschlag

Oberster Gott

schickt Donner und Blitz

erkennbar am Blitz

Zeus

Ehemann Aphrodites

Götterschmied

gutmütig

Hephaistos

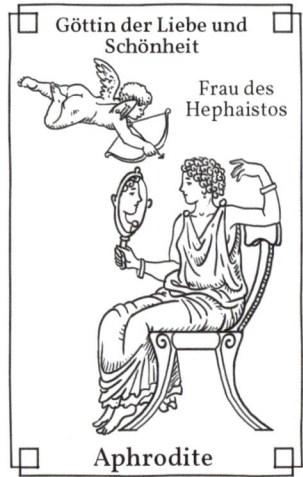

Göttin der Liebe und Schönheit

Frau des Hephaistos

Aphrodite

Sonnengott

Gott der Künste

Bruder von Artemis

Apollon

Schwester und Ehefrau des Zeus

Beschützerin der Ehe, der Kinder und des Hauses

hinterlistig gemein

Hera

Göttin der Weisheit

Göttin der Wissenschaften

Athene

Gott des Krieges

Geliebter der Aphrodite

Ares

Beschützer der Kaufleute und Wanderer

schnell und wendig

geflügelter Bote

Hermes

Erdmutter

zuständig für eine gute Ernte

erkennbar an der Ähre

Demeter

Gott des Meeres

erkennbar am Dreizack

Poseidon

Göttin der Jagd

Schwester von Apollon

erkennbar an Pfeil und Bogen

Artemis

EinFach Deutsch: Unterrichtsmodell: Antike Sagen © Schöningh Verlag 2004

Was ist eine Sage?

Volkssagen, von denen es sehr viele gibt, werden in mündlicher Form überliefert. Im Gegensatz zu den Märchen enthalten sie meist sehr genaue Aussagen und sind häufig an ganz bestimmte
5 Orte gebunden und zeitlich genau festgelegt.

Es gab ausgeschmückte Sagen, die den Zuhörer nur unterhalten sollen, und sehr kurze Sagen, die sich auf einen knappen Bericht über ein bestimmtes Ereignis beschränken. Letztere nennt man Er-
10 lebnissagen.

Heute können wir aufgrund des Inhalts zwischen mehreren Arten von Sagen unterscheiden.
Sagen, die sich mit Gespenstern, Drachen oder Riesen beschäftigen, nennt man dämonische Sa-
15 gen.
Eine andere Gruppe von Sagen bilden die historischen oder Wissens-Sagen, die sehr genau von tatsächlichen Ereignissen oder angeblichen Ereignissen berichten, wie zum Beispiel von Kriegen oder Hungersnöten. Wenn in diesen Sagen heilige 20 oder fromme Menschen eine bedeutende Rolle spielen, so nennen wir diese Geschichten Legenden.
Die dritte wichtige Gruppe der Sagen befasst sich mit unerklärlichen Erscheinungen in der Natur, bei 25 den Menschen oder den Tieren. Dies sind die Erklärungssagen.
Eine weitere Art von Sagen sind die Göttersagen oder Mythen, die über die Frühzeit der Völker, vom Ursprung der Welt und von den Göttern berich- 30 ten.
Diese Sagen werden der „Mythologie" zugeordnet. Unter „Mythologie" verstand man ursprünglich den Vortrag von überlieferten heiligen Berichten. Heute nennt man die Aufzeichnung aller 35 Aussagen über die Götterwelt und die Religion der Völker so.

Aus: Heinrich Pleticha (Hg.): dtv junior Literatur Lexikon. © 1986, 1994 Deutscher Taschenbuch Verlag, München, und Cornelsen Verlag, Berlin

☐ *Was erfahrt ihr aus dem Text über Sagen?*
Welche Arten von Sagen gibt es? Wovon handeln sie?
Was versteht man unter „Mythologie"?

Sagenhafte Rätseltexte

Dennis hat ein altes, zerfleddertes Buch mit griechischen Sagen auf dem Speicher gefunden. Aber leider sind gerade die Sagentexte, die ihn am meisten interessieren, nicht mehr vollständig lesbar. Kannst du ihm helfen, mithilfe des Inhaltsverzeichnisses herauszubekommen, um welche Sagen es sich handelt?

Inhaltsverzeichnis

In einer dunklen Höhle wohnt _____ , die schrecklich Bellende. Ja, sie hat eine Stimme wie ein neu geborenes Hündchen, sie selber aber ist ein Ungetüm, ein schlimmes. Sie hat zwölf Füße, alle unförmig, und sechs Hälse, überlange, und auf jedem ein gräuliches Haupt, und darin drei Reihen Zähne, die sie fletscht, um ihre Opfer zu zermalmen. Noch nie hat ein Schiff ohne Verlust an ihr vorbeifahren können, immer hat sie mit jedem Maul einen Mann verschlungen. Ihr gegenüber haust die schreckliche _____ , die mit gierigem Rachen das Meer einschlürft und wieder ausspuckt.

Wenn du an die Insel der _____ kommst, so verklebe die Ohren deiner Freunde mit Wachs, damit sie nichts hören. Willst du selber ihrem zauberhaften Gesang lauschen, so befiehl, dass man dich, an Händen und Füßen gefesselt, an den Mast binde. Je sehnlicher du flehst, dich zu befreien, desto fester sollen sie dich binden.

Er nahm den langen Stängel des Riesenfenchels, näherte sich dem vorüberfahrenden Sonnenwagen und setzte ihn in Brand. So brachte er den Menschen das Feuer. Zeus war über die eigenmächtige Tat des _____ aufs Höchste erzürnt. Er ließ ihn über einem schauerlichen Abgrund an einem Felsen im Kaukasus mit unauflöslichen Ketten festschmieden. Dann sandte er dem Gefesselten einen Adler, der täglich an seiner Leber fraß, die in der Nacht immer wieder aufs Neue nachwuchs.

EinFach Deutsch: Unterrichtsmodell: Antike Sagen © Schöningh Verlag 2004

_____ war ein berühmter Sänger. Wenn er seine Stimme ertönen ließ, standen nicht nur die Menschen andächtig herum, nein, auch die Tiere lauschten stumm; selbst die Bäume und die Steine eilten herbei, von seinem zauberhaften Gesang angelockt. Seine Gemahlin, an der er mit inniger Liebe hing, hieß Eurydike. Sie starb in jugendlichem Alter, von einer Schlange gebissen. Er konnte sich über den schweren Verlust nicht trösten. Schließlich stieg er in die Unterwelt zu den Toten hinab. Den Eingang des finsteren Reiches bewachte Zerberos, ein dreiköpfiger Hund; er ließ jeden herein, aber niemanden heraus. Furchtlos wagte sich _____ in das schreckliche Dunkel. Vor dem Thron des unterirdischen Herrschers Hades angekommen, sang er so rührend sein Lied, dass die Gemahlin des Gottes des Totenreichs in Tränen zerschmolz. Aber auch der strenge Hades vermochte der Macht der Musik nicht zu widerstehen. Was er bisher keinem Sterblichen erlaubt hatte, der Gattin des Sängers gestattete er die Rückkehr in das Leben. Allerdings knüpfte er die Bedingung daran, _____ dürfe sich nicht eher nach ihr umsehen, bis sie die Oberwelt erreicht habe.

Sie rissen die Mauern nieder, um dem unheilvollen Ross den Weg zu bahnen, einige fügten Räder an die Füße des Geschenkes, andere warfen dem Riesentier Stricke um den Hals. So zogen sie es im Triumphe in die Stadt hinein. Sie führten das Ungeheuer auf die heilige Burg. Dann feierten sie den Tag mit Festgelagen und ergaben sich sorglos dem Genuss des Weines. Als sie jedoch müde und berauscht im festen Schlaf lagen, öffneten die Griechen die Klappe am Bauch des Riesentieres. Sie stiegen heraus, sprengten die Mauern und warfen Feuer in die Häuser.

Und er nahm Vogelfedern, legte sie ebenmäßig zusammen und verband sie mit Wachs. Dann fertigte _____ noch ein zweites, kleineres Flügelpaar an und passte es seinem Sohn an. Und schon schwebten sie davon. Kreta, die langgestreckte Insel, wurde klein und kleiner. Da trat ein, was der Vater gefürchtet hatte: Die heißen Sonnenstrahlen erweichten das Wachs, die Flügel lösten sich auf, die Federn flatterten auseinander und der Knabe stürzte in die Tiefe. Verzweifelt streckte er die Arme nach seinem Vater aus.

Schnell steckte ich den Pfahl in die glimmende Asche. Als er schon Funken sprühte und Feuer fangen wollte, zog ich ihn heraus und stieß mit den vier Freunden, die das Los getroffen hatte, dem einäugigen Riesen die Spitze in das Auge. Grauenvoll heulte der Verletzte auf, sodass die Höhle von dem Gebrüll widerhallte und wir, vor Angst bebend, in den äußersten Winkel der Grotte flüchteten. _____ riss sich den Pfahl aus der Stirn, schleuderte ihn weit von sich und tobte wie ein Unsinniger. Die Zyklopen, die ringsum im Gebirge wohnten, rief er unter Zetergeschrei herbei und brüllte aus der Höhle heraus: „Niemand, Niemand hat mich geblendet, ihr Freunde!"

EinFach Deutsch Unterrichtsmodell Antike Sagen © Schöningh Verlag 2004

Unter Athenes Anleitung wurde aus einer Holzart, die im Meere nicht fault, von dem geschicktesten Baumeister Griechenlands ein herrliches Schiff mit fünfzig Ruderern auf Kiel gelegt und gerüstet und nach seinem Erbauer „Argo" genannt. Es war das erste lange Fahrzeug, auf dem sich die Griechen in die offene See wagten. Die Göttin Athene hatte noch ein besonderes Geschenk: Sie stattete das Schiff mit einer sprechenden, die Zukunft voraussagenden Schiffsplanke aus.

Der König von Theben war reich; wegen seiner Gerechtigkeit liebte und verehrte ihn das Volk. Trotzdem war er nicht glücklich, denn seine Ehe mit Iokaste war kinderlos. Deswegen fragte er das Orakel des Apollon von Delphi um Rat. „Du wirst einen Sohn bekommen", lautete der Spruch des Orakels, „aber du wirst von ihm getötet werden und er wird seine Mutter heiraten." Bald darauf wurde ihm wirklich ein Sohn geboren. Damit der Orakelspruch sich nicht erfüllte, gab der Vater das Kind sofort zu einem Hirten mit dem Befehl, es im Gebirge auszusetzen. Der konnte es aber nicht über sich bringen, das grausame Gebot auszuführen. Er brachte den Knaben weit, weit weg nach Korinth. Auch der dortige König hatte keine Kinder und so zog er den Knaben wie seinen eigenen Sohn auf und nannte ihn _____ , das heißt Schwellfuß.

Fürchterlich brüllte der Löwe und blickte mit rollenden Augen um sich. Endlich hatte er seinen Feind entdeckt und stürmte auf ihn los. _____ ließ ihn ruhig herankommen. Als er sich jetzt zum letzten Sprung krümmte, kam ihm der Held zuvor und versetzte ihm mit der Keule einen Schlag auf den Kopf, dass er taumelnd zu Boden sank. Doch der Löwe gab sich nicht geschlagen. _____ konnte ihn erst bezwingen, als er sich über das mächtige Tier warf und ihn nach einem fürchterlichen Ringkampf mit bloßen Händen erwürgte. Selbst der getötete Löwe bot ihm noch Widerstand, denn sein Fell ließ sich nicht abziehen, kein Eisen konnte es durchdringen. Da ergriff _____ die Klauen des toten Löwen und nun konnte er ihm das Fell mit diesen Löwenkrallen, die hart wie Diamanten waren, aufreißen und es abziehen. Den Kopf mit dem drohend geöffneten Rachen setzte er sich wie einen Helm auf, das Fell legte er sich um die Schultern.

Quelle: R. Tewes-Eck, Erich Dunkel: Griechische Antike. Paderborn: Schöningh Verlag 1999, S. 11f.

☐ *Finde zu den einzelnen Sagen die passenden Überschriften und schreibe sie in die Kästchen oberhalb der Texte. Trage außerdem die fehlenden Namen ein.*
Wenn du die hervorgehobenen Buchstaben in die richtige Reihenfolge bringst, erhältst du ein Lösungswort.

EinFach Deutsch: Unterrichtsmodell: Antike Sagen © Schöningh Verlag 2004

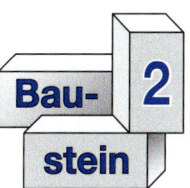

Sisyphos, Tantalos und Niobe

2.1 ☐ Handlungsübersicht

Den Sagen von Tantalos und Niobe liegt die Textausgabe zugrunde (Tantalos TA, S. 12–13 und Niobe TA, S. 14–15).

Sisyphos ist der Gründer und Erbauer von Korinth und herrscht dort als König. Eines Tages wagt er in seinem Übermut, den Unwillen des Zeus auf sich zu lenken. Dieser hat nämlich die Nymphe Aigina entführt und Sisyphos verrät dieses dem Vater Aiginas, dem Flussgott Asopos. Zeus beschließt daraufhin den Verräter zu bestrafen und schickt Thanatos, den Tod. Doch der listenreiche Sisyphos zeigt sich stärker. Er zwingt diesen in seine Gewalt und legt ihm so starke Fesseln an, dass seine Macht gebrochen ist. Auf Erden entsteht nun große Verwirrung, weil niemand mehr sterben kann. Erst als Ares, der Gott des Krieges, den Tod aus der Gewalt des Sisyphos befreit, kann dieser wieder seines Amtes walten. Der Korintherkönig aber wird vom Kriegsgott ins Schattenreich entführt. Doch Sisyphos denkt sich eine neue List aus. Ehe er zum Hades geführt wird, verbietet er seiner Gemahlin, Totenopfer für ihn zu halten. So kann Hades seine Seele in der Unterwelt nicht dulden, weil ihr die schuldigen Opfer auf Erden versagt bleiben. Er und seine Gemahlin Persephone lassen sich von Sisyphos bereden, ihn freizulassen, um zur Menschenwelt zurückzukehren und seine Gemahlin an ihre Pflicht zu erinnern. Dieser denkt nicht daran, wieder in die Unterwelt zurückzukehren, und genießt unbekümmert an der Seite seiner Gemahlin die Freuden der Oberwelt.
Inmitten der Festfreuden steht plötzlich wieder Thanatos vor ihm, der den hilflosen Sisyphos erbarmungslos in die Unterwelt zurückzerrt. Die Strafe, die Zeus dem Frevler auferlegt, ist schrecklich: Sisyphos muss einen mächtigen Marmorstein einen Hügel hinaufwälzen. Doch immer wenn er glaubt, den Stein auf den Gipfel gewälzt zu haben, entrollt der Felsblock im letzten Augenblick seinen Händen und stürzt in die Tiefe. Niemals soll es ihm gelingen, seine Aufgabe zu erfüllen.

2.2 ☐ Anregungen für den Lektüreprozess

Dieser Baustein beschäftigt sich mit den Sagen um Sisyphos (Zusatzmaterial 2, S. 99), Tantalos (TA, S. 12–13) und Niobe (TA, S. 14–15). Zu Beginn der Unterrichtseinheit sollte jeder Sagentext gelesen und besprochen werden.
Die Arbeitsblätter 7 und 8 (S. 29 u. 30) sollen dem Textverständnis dienen und den Schülerinnen und Schülern eine interessante und aktuelle Auseinandersetzung mit sich selbst bieten. Erlebnisse aus dem eigenen Alltag können von ihnen mit eingebracht und diskutiert werden. Sofern die Erlebnisse und Begebenheiten der Schülerinnen und Schüler, die zur Beantwortung des Fragebogens (Arbeitsblatt 9, S. 31) von ihnen aufgeführt werden, zu sehr in die Privatsphäre eingreifen, können sie natürlich auch über fiktive Erlebnisse und Ereignisse schreiben, die sie anschließend diskutieren. Die Diskussion im Anschluss an die individuelle Beantwortung der einzelnen Fragen von Arbeitsblatt 9 kann in Kleingruppen zu maximal vier Schülerinnen und Schülern durchgeführt werden, ist aber nach Absprache mit der Klasse auch im Plenum möglich. Das Arbeitsblatt 9 sollte als Hausaufgabe bearbeitet werden.
Neben dem Fragebogen, der in erster Linie dem Textverständnis und der Diskussion über die einzelnen Sagen dient, sollen Bezüge zu heutigen Redewendungen hergestellt werden. Dazu dienen die Begriffe „Tantalusqualen" (nicht endende Qualen) und „Sisyphusarbeit" (sinnlose Tätigkeit).

Folgende Arbeitsaufgabe soll den Schülerinnen und Schülern bei der Bearbeitung helfen:

❏ *Versucht zu erklären, warum diese Redewendungen in der bekannten Weise „übersetzt"*
   werden. Geht dabei auf den Inhalt der beiden Sagen ein.

Das die im Baustein 2 behandelten Sagen beherrschende Thema ist das der Vermessenheit (Hybris). Die folgende Aufgabe ermöglicht eine Problematisierung dieses Themas:

❏ *Stell dir vor, Tantalos, Sisyphos und Niobe treffen sich. Jeder der drei kennt die Frevel-*
   taten der/des anderen. Unter ihnen entbrennt ein heftiger Streit. Jeder macht dem/der
   anderen Vorwürfe über seine/ihre Vermessenheit. Schreibt eine passende Szene auf.
   Sprecht und spielt eure Szene.

Notizen

_____

_____

_____

_____

_____

_____

_____

_____

_____

_____

_____

_____

_____

_____

_____

_____

_____

_____

_____

_____

_____

_____

_____

_____

Das Tagebuch des Herakles – Tantalos

Bei archäologischen Ausgrabungen wird ein altes Buch gefunden. Nach ausgiebigen Untersuchungen der Forscher stellen diese fest, dass es sich um das „Tagebuch des Herakles" handeln muss. Darin steht die Sage von Tantalos. Leider fehlen einige bedeutende Teile der Sage. Kannst du den Forschern helfen, die Sage wieder zu einem Ganzen zusammenzusetzen?

Liebes Tagebuch!

Heute möchte ich dir die Geschichte von Tantalos erzählen, der ein Sohn des _____

und einer menschlichen Mutter war. Er herrschte zu _____ in Lydien. Wegen seiner

hohen _____ waren ihm die _____ sehr zugetan. Sie gewährten

ihm sogar, was vor ihm noch keinem Sterblichen erlaubt gewesen war: Er durfte mit an der

_____ des Zeus speisen und alles mit anhören, was die Unsterblichen unter sich

besprachen. Die außerordentlichen Ehren, die ihm die Götter zuteil werden ließen, stiegen

_____ zu Kopfe. Er wurde _____ und vergaß die Grenze

zwischen _____ und _____. Er entwendete die

_____ von der Tafel und verteilte diese unter seinen irdischen Genossen. Auch

prahlte er mit den _____, die die Götter ihm anvertraut hatten. Schließlich setzte er

allen Freveln noch die Krone auf, als er den Göttern bei einem Gastmahl seinen _____,

den er hatte schlachten lassen, vorsetzte, um ihre _____ zu testen. Die Götter

bemerkten die Gräueltat, setzten die zerstückelten Glieder des Knaben wieder zusammen und gaben

ihm das Leben zurück. Tantalos stießen sie in die _____ hinab und verhängten die

grässlichsten Qualen über ihn: Er wurde mitten in einen Teich gebannt und litt den _____.

Das Wasser spielte ihm um das Kinn, aber sobald er sich bückte und den Mund gierig an das Wasser

bringen wollte, sank selbiges und der dunkle Boden erschien zu seinen Füßen. Auch litt er den

_____. Am Ufer des Teiches wuchsen herrliche Fruchtbäume und wölbten ihre

Äste über seinem Haupt. Aber sobald er die Hand danach ausstreckte, riss ein Sturmwind die Zweige

hoch hinauf, sodass er sie niemals erreichen konnte.

Hier endet die schreckliche Geschichte von Tantalos.

EinFach Deutsch: Unterrichtsmodell: Antike Sagen © Schöningh Verlag 2004

29

Da ist wohl etwas durcheinander-geraten! – Niobe, Tantalos und Sisyphos

Timo bespricht im Deutschunterricht zurzeit das Thema „Antike Sagen". Als sein Brieffreund Marko zu Besuch ist, möchte Timo ihm die Sage von Niobe erzählen. Dabei ist ihm einiges durcheinandergeraten! Hilf Timo, indem du die Sätze den entsprechenden Sagen zuordnest.

Eines Tages wagte er in seinem Übermut, den Unwillen des Zeus auf sich zu lenken. Dieser hatte nämlich die Nymphe Aigina entführt. _____

Die Götter hatten ihr außerordentliche Glücksgüter verliehen. Ihr kostbarstes Kleinod waren ihre vierzehn Kinder. _____

5 Zeus beschloss daraufhin, den Verräter zu bestrafen, und schickte Thanatos, den Tod.

_____

Sie gewährten ihm sogar, was vor ihm noch keinem Sterblichen erlaubt gewesen war: Er durfte mit an der Tafel des Zeus speisen und alles mit anhören, was die Unsterblichen unter sich besprachen. ____

_____

10 Das Bewusstsein ihrer Schönheit, ihrer Klugheit, ihres Reichtums, ihrer Macht und ihres großen Mutterglücks hatte sie allerdings stolz und überheblich gemacht.

_____

Sie war der Meinung, dass all ihr Glück ihr eigenes Verdienst wäre, und dachte nicht mehr daran, dass der Mensch sein Schicksal nicht selbst in der Hand hat, sondern dass es der Macht der Götter über-15 lassen ist. _____

Ehe er zum Hades geführt wurde, hatte er seiner Gemahlin verboten, Totenopfer für ihn zu halten. So konnte Hades seine Seele in der Unterwelt nicht dulden. _____

Aus den starren Augen rannen unaufhörlich Tränen. _____

Einfach Deutsch: Unterrichtsmodell Antike Sagen © Schöningh Verlag 2004

Ein Fragebogen

Habt ihr schon vorher einmal etwas über Sisyphos, Tantalos und Niobe gehört? Wenn ja, bei welcher Gelegenheit?

_____

_____

_____

_____

Kennt ihr den Begriff Sisyphusarbeit oder Tantalusqualen? Erklärt diese Begriffe mit euren eigenen Worten.

_____

_____

_____

_____

_____

_____

Kennt ihr Situationen aus eurem Alltag, in denen Menschen ähnlich gehandelt haben wie Sisyphos, Tantalos und Niobe? Schreibt einige Beispiele auf und nehmt kritisch Stellung dazu.

_____

_____

_____

_____

_____

_____

_____

Kennt ihr das Sprichwort „Übermut tut selten gut"? Hat schon einmal jemand dieses Sprichwort zu euch gesagt? Wenn ja, wann? Ist diese Situa-

tion vergleichbar mit den Situationen, in denen sich Sisyphos, Tantalos und Niobe befinden?

_____

_____

_____

_____

_____

_____

_____

_____

_____

Findet ihr die Strafen der drei berechtigt? Nehmt Stellung dazu und diskutiert über deren Vergehen und Bestrafungen.

_____

_____

_____

_____

_____

_____

_____

_____

_____

_____

Einfach Deutsch: Unterrichtsmodell: Antike Sagen © Schöningh Verlag 2004

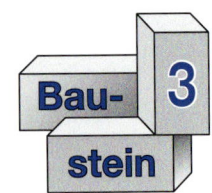

Dädalos und Ikaros

3.1 ❏ Zugang zur Sage

Nachdem die Sage „Dädalos und Ikaros" (TA, S. 16–18) gelesen wurde, ist die spontane Verarbeitung des Inhalts ein erster Schritt. Fragen zur Sage und subjektive Eindrücke sollten im Unterrichtsgespräch erörtert werden. Diese Phase der ersten Verständigung gilt als Vorbereitung zur Herausarbeitung einzelner Sequenzen innerhalb der Sage. Eine Arbeitsaufgabe könnte folgendermaßen lauten:

❏ *Teile die Sage in vier Handlungsteile ein.*

Das Ergebnis sollte dann an der Tafel zur Sicherung skizziert werden:

Gliederung der Sage „Dädalos und Ikaros"

- 1. Sequenz: Der Baumeister Dädalos und sein Neffe in Athen; <u>Ende der Sequenz</u>: Die Ermordung des Neffen von Dädalos (TA, S. 16, Z. 1–10)

- 2. Sequenz: Dädalos in Kreta bei König Minos; <u>Ende der Sequenz</u>: Der Bau der Flügel für Dädalos und seinen Sohn (Dädalos' Sehnsucht nach seiner Heimat) (TA, S. 16, Z. 10–34 bis S. 17, Z. 1–13)

- 3. Sequenz: Die Flugszene; <u>Ende der Sequenz</u>: Der Absturz von Ikaros (TA, S. 17, Z. 14–22 bis S. 18, Z. 1–10)

- 4. Sequenz: Dädalos auf Sizilien (TA, S. 18, Z. 11–15)

3.2 ❏ Handlungssequenzen der Sage

Die inhaltliche Sicherung der Sagenstruktur kann um einen Malauftrag ergänzt werden, der die Sequenzen als chronologische Bilderfolge wiedergeben soll. Anschließend können die Schüler aufgefordert werden, die Geschichte von Dädalos und Ikaros frei nachzuerzählen. Möchte man den einzelnen Phasen mehr Aufmerksamkeit widmen, ist ein szenisches Spiel in Form einer pantomimischen Darstellung eine interessante und abwechslungsreiche Alternative. Hierfür kann man die Klasse in Gruppen aufteilen, die jeweils eine Szene pantomimisch darstellen sollen. Die darzustellenden Elemente kann der Lehrer auf Karteikarten notieren und an die Gruppen verdeckt verteilen.

In der sich nun anschließenden Unterrichtsphase werden Details der Geschichte herausgearbeitet, die dann zur Deutung der Sage überleiten. Ein entsprechendes Unterrichtsgespräch wird mit den Fragen eingeleitet:

❏ *Welchen Wunsch hat Dädalos? Wie realisiert er ihn?*

Die Antworten könnten folgendermaßen lauten: Dädalos' sehnlichster Wunsch ist es, zu fliegen, weil er Sehnsucht nach seiner Heimat hat und König Minos ihn nicht gehen lassen will. Er möchte fliegen, da ihm andere Fluchtwege versperrt sind. Er baut für sich und seinen Sohn Flügel aus Vogelfedern.

An dieser Stelle soll das Arbeitsblatt 10 (S. 35) zur Veranschaulichung des Fluchtweges von den Schülerinnen und Schülern erarbeitet werden.

❒ *Welche Flugroute kennzeichnet den Weg von Dädalos und Ikaros, wo könnte Ikaros abgestürzt sein und wo endet dann Dädalos' Flug?*

Die Arbeit kann in Einzelarbeit oder in Gruppenarbeit erfolgen. Eine gemeinsame Erörterung der Ergebnisse ist mittels Folie möglich.

3.3 ❒ Deutungsansätze und Wertung

In dieser Phase soll den Schülerinnen und Schülern vermittelt werden, dass die Erfüllung von Wünschen manchmal auch negative Folgen haben kann, z.B. wenn andere Personen dadurch Schaden erleiden. Ein weiteres Ziel ist die Problematisierung der Schuldfrage. Dazu ist es hilfreich, Schlüsselbegriffe vorzugeben, die mithilfe des Arbeitsblattes 11 (S. 36ff.) erarbeitet werden. Das Arbeitsblatt wird zerschnitten und so ausgeteilt, dass jeder Schüler nur ein Kreuzworträtsel löst.

Mithilfe der Lösungswörter der Kreuzworträtsel können nun weitergehende Fragen diskutiert werden.

❒ *Wie beurteilt ihr Dädalos' Wunsch fliegen zu können?*
Mit den möglichen Antworten der Schülerinnen und Schüler wird die Frage nach Ikaros' Tod aufgeworfen.

❒ *Warum musste Ikaros sterben? Wer trägt eurer Meinung nach die Schuld daran?*
Die Frage kann mithilfe der Lösungswörter beantwortet werden, was aber nicht Bedingung für den Arbeitsauftrag ist.
Im günstigsten Fall veranschaulichen die Ergebnisse des Unterrichtsgesprächs die Vielschichtigkeit der Schuldproblematik. Die Ergebnisse können durch Thesen schriftlich fixiert werden:

Warum musste Ikaros sterben?

● Dädalos ist Schuld am Tod seines Sohnes, da er egoistisch nur seinen persönlichen Wunsch in den Vordergrund stellte.

● Ikaros ist viel zu übermütig und wird daher mit dem Tod bestraft.

● Wäre Dädalos gehorsam gewesen und bei König Minos geblieben, dann hätte Ikaros nicht sterben müssen.

In der nächsten Unterrichtsphase sollen die Schüler einen Transfer in die Gegenwart leisten, der möglicherweise zu der Erkenntnis führt, dass sich eigene Wünsche und Ziele nicht immer problemlos erfüllen lassen. Durch den Bezug zur Gegenwart und die Auseinandersetzung mit ihren individuellen Wünschen können die Schüler lernen, die Bedingungen zur Realisierung von Zielen aus verschiedenen Perspektiven zu betrachten und auf Vor- und Nachteile zu überprüfen.
Einen spielerischen Einstieg in diese Phase bietet die Methode, gängige Sprichwörter aus Wortschnipseln zu erarbeiten. Der Lehrer präsentiert diese am besten als Folien auf dem Tageslichtprojektor (s. Arbeitsblatt 12, S. 39). Wenn ein Schüler ein Sprichwort zusammenfügen kann, sollte dieser es selbst zusammensetzen und vorlesen. Die genannten und

zusammengebrachten Sprichwörter werden von den Schülerinnen und Schülern mitge-schrieben. Als Auftrag zu Arbeitsblatt 12 wird formuliert:

❏ *Welche geläufigen Sprichwörter verbergen sich hinter diesen Wortschnipseln?*

Lösung:

1. Wer anderen eine Grube gräbt, fällt selbst hinein.

2. Hochmut kommt vor dem Fall.

3. Wer nicht hören will, muss fühlen.

Die Schüler sollen nun die Sprichwörter interpretieren, und zwar zunächst bezogen auf die Sage und anschließend auf Situationen in der Gegenwart, vielleicht aus der persönlichen Erlebniswelt.

❏ *Wenn ihr diese Sprichwörter betrachtet, welchen Bezug könnt ihr zur Sage „Dädalos und Ikaros" entdecken?*

❏ *Welchen Bezug könnt ihr zur Gegenwart entdecken, welche persönlichen Erfahrungen habt ihr vielleicht einzubringen oder welche Geschichten könntet ihr erzählen?*

Notizen

_____

_____

_____

_____

_____

_____

_____

_____

_____

_____

_____

_____

_____

_____

_____

_____

Der antike Mittelmeerraum

© Westermann Schulbuchverlag GmbH, Braunschweig

❑ *Welche Flugroute kennzeichnet den Weg von Dädalos und Ikaros, wo könnte Ikaros abgestürzt sein und wo endet dann Dädalos' Flug?*

EinFach Deutsch: Unterrichtsmodell: Antike Sagen © Schöningh Verlag 2004

Dädalos und Ikaros – Ein Kreuzworträtsel

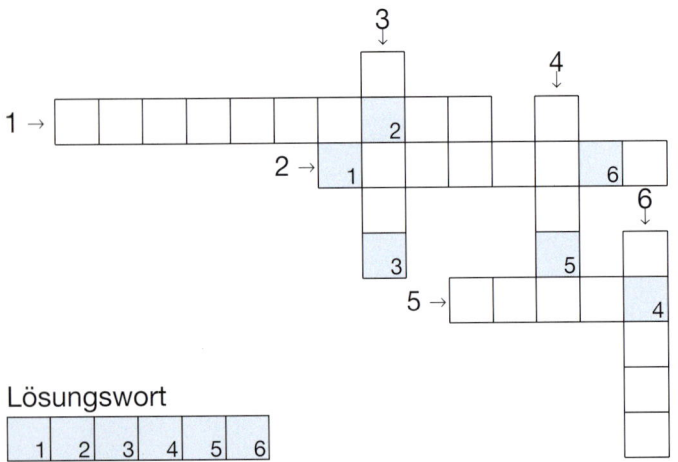

Lösungswort

1	2	3	4	5	6

1. Dädalos war ein … und Bildhauer zu Athen.
2. Der Flug von Dädalos endete in … .
3. Minotaurus' Kopf sah aus wie der von einem … .
4. Der Knabe stürzte in die … .
5. Dädalos floh nach dem Mord an seinem Neffen nach … .
6. Alle neun … verschlang Minotaurus sieben Jünglinge und sieben Jungfrauen.

-- ✂

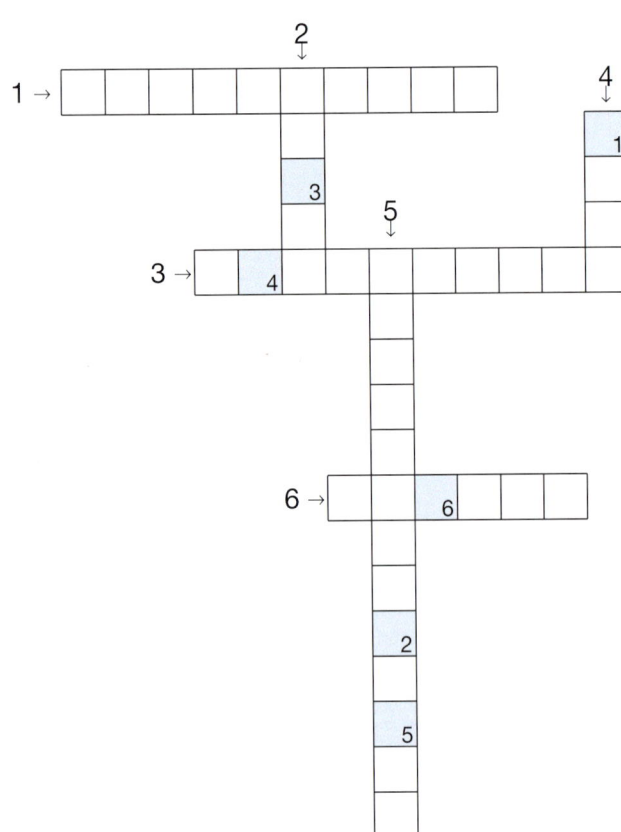

Lösungswort

1	2	3	4	5	6

1. Das Ungeheuer mit dem Kopf eines Stieres.
2. Dädalos war Baumeister in … .
3. Minotaurus verschlang sieben Jünglinge und sieben … .
4. Ikaros war der … von Dädalos.
5. Der Knabe folgte Dädalos mit sicherem … .
6. Dädalos ordnete Vogel… in verschiedenen Größen an.

36

EinFach Deutsch: Unterrichtsmodell: Antike Sagen © Schöningh Verlag 2004

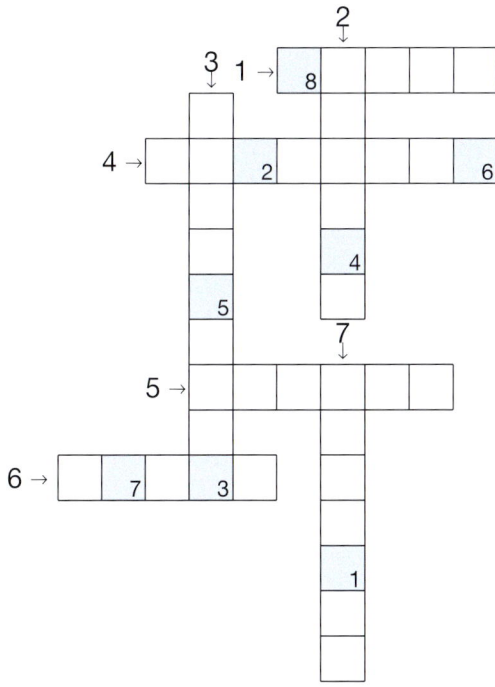

Lösungswort

1	2	3	4	5	6		

1. In Kreta wurde Dädalos von König … aufgenommen.
2. Dädalos Sohn.
3. Für Minotaurus baute Dädalos ein … mit unzähligen Gängen.
4. Der große Baumeister und Bildhauer aus Athen.
5. Dädalos ermordete seinen … .
6. Die Federn fügte Dädalos unten mit … zusammen.
7. Dädalos fertigte zwei …paare für sich und seinen Sohn.

EinFach Deutsch: Unterrichtsmodell Antike Sagen © Schöningh Verlag 2004

Dädalos und Ikaros –
Ein Kreuzworträtsel
(Lösung)

A

1. Dädalos war ein <u>Baumeister</u> und Bildhauer zu Athen.

2. Der Flug von Dädalos endete in <u>Sizilien.</u>

3. Minotaurus' Kopf sah aus wie der von einem <u>Stier.</u>

4. Der Knabe stürzte in die <u>Tiefe.</u>

5. Dädalos floh nach dem Mord an seinem Neffen nach <u>Kreta.</u>

6. Alle neun <u>Jahre</u> verschlang Minotaurus sieben Jünglinge und sieben Jungfrauen.

→ Lösungswort: <u>Strafe</u>

B

1. Das Ungeheuer mit dem Kopf eines Stieres. <u>Minotaurus</u>

2. Dädalos war Baumeister in <u>Athen.</u>

3. Minotaurus verschlang sieben Jünglinge und sieben <u>Jungfrauen.</u>

4. Ikaros war Dädalos' <u>Sohn.</u>

5. Der Knabe folgte Dädalos mit sicherem <u>Fluegelschlag.</u>

6. Dädalos ordnete Vogel<u>federn</u> in verschiedenen Größen an.

→ Lösungswort: <u>Schuld</u>

C

1. In Kreta wurde Dädalos von König <u>Minos</u> aufgenommen.

2. Dädalos' Sohn: <u>Ikaros</u>

3. Für Minotaurus baute Dädalos ein <u>Labyrinth</u> mit unzähligen Gängen.

4. Der große Baumeister und Bildhauer aus Athen: <u>Dädalos</u>

5. Dädalos ermordete seinen <u>Neffen.</u>

6. Die Federn fügte Dädalos unten mit <u>Wachs</u> zusammen.

7. Dädalos fertigte zwei <u>Fluegel</u>paare für sich und seinen Sohn.

→Lösungswort: <u>Gehorsam</u>

EinFach Deutsch: Unterrichtsmodell: Antike Sagen © Schöningh Verlag 2004

Sprichwörter

❑ *Welche geläufigen Sprichwörter verbergen sich hinter diesen Wortschnipseln?*

kommt vor

muss fühlen

dem Fall

gräbt

fällt selbst hinein

hören will

Hochmut

eine Grube

Wer anderen

Wer nicht

Einfach Deutsch: Unterrichtsmodell: Antike Sagen © Schöningh Verlag 2004

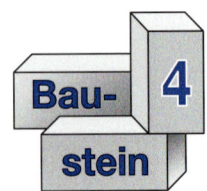

Die Argonautensage

4.1 ❏ Zugang zur Sage

Die Argonautensage wurde im Altertum von Apollonius Rhodius in den *Argonautica* (3. Jh. v. Chr.) dichterisch behandelt, die jedoch den tragischen Ausgang der Liebe zwischen Jason und Medea nicht enthalten, dem die Literatur ihr Interesse vor allem zugewandt hat. Maßgebend ist die von Euripides geprägte Form des Stoffes (431 v. Chr.). Zufügungen und Varianten der in den 2000 Jahren entstandenen rund 200 Bearbeitungen sind gering. Euripides hat vermutlich Medea zur Mörderin ihrer Kinder gemacht und somit das Hauptmotiv der Geschichte, den Kindsmord, erschaffen. Seit jeher – und gerade in jüngster Zeit – haben sich große Dichter und Dramatiker am Medea-Stoff versucht. Bezeichnenderweise haben sie dabei selten die Handlung, sondern stets eher den Charakter der Personen verändert.

SchülerInnen, die in den unteren Klassen antike Sagen kennen lernen und mit ihnen arbeiten, werden in höheren Klassen stoffliche Bezüge leichter erkennen und verstehen. Die Argonautensage eignet sich besonders gut zur thematischen Wiederaufnahme in höheren Klassen. Eine Liste der Ganzschriften, die sich mit dem Medea-Stoff befassen, findet sich z.B. im Kröner Lexikon *Stoffe der Weltliteratur* (vgl. Literaturhinweise).

Als Textgrundlage für diese ca. 4–6 stündige Sequenz dient den SchülerInnen die „Argonautensage" in der TA, S. 19–24.

In der TA wird die Sage verkürzt und sprachlich vereinfacht dargestellt. Sie wird hier in vier Kapitel mit jeweils eigener Überschrift gegliedert:

1. Anlass und Beginn des Argonautenzuges
2. Wie Jason mithilfe der Medea das Goldene Vlies gewinnt
3. Der Brudermord
4. Alle Schuld rächt sich auf Erden

Die Argonautensage handelt von Jason, dem Sohn des griechischen Königs Aison. Aison wird von seinem Halbbruder Pelias des Thrones beraubt und Jason, der rechtmäßige Thronfolger, im Kindesalter fortgeschickt. Zu einem jungen Mann herangewachsen, kehrt er nach Griechenland zurück und fordert den Thron seines Vaters. Pelias willigt ein, ihm das Königreich zurückzugeben, falls es ihm gelinge, das Goldene Vlies zu holen, welches rechtmäßiges Eigentum ihrer Familie sei. In Wirklichkeit jedoch ist Pelias davon überzeugt, dass Jason diese Aufgabe nicht lösen kann und niemals lebend zurückkehren wird. Jason ist begeistert und sammelt eine Mannschaft junger Helden aus allen Teilen Griechenlands um sich, die mit ihm die Fahrt auf der *Argo* antreten. Nach vielen Abenteuern erreichen die Argonauten eines Tages Kolchis, das Land, in dem das Goldene Vlies durch König Aietes aufbewahrt wird. Auch Aietes versucht Jason zu hintergehen, indem er zusagt, ihm das Goldene Vlies herauszugeben, sofern Jason es schafft, an dem gewaltigen Drachen, der es bewacht, vorbeizukommen und ihm zuvor sein Feld mit zwei Feuer speienden Stieren, die dort grasen, umzupflügen und dabei Drachenzähne zu säen, aus denen wiederum ein gerüstetes Heer erwächst, sobald sie in Kontakt mit der Erde kommen. Auch er geht davon aus, dass Jason bereits von den Stieren getötet werden wird.

Mithilfe von Medea, einer Tochter des Aietes, besteht Jason jedoch alle diese Aufgaben. Medea gibt Jason ein Zaubermittel, das er auf seinen Waffen und auf seinem Körper verteilt, um unverwundbar zu werden. Jason tötet die Stiere und vernichtet das Heer, das aus dem frisch gepflügten Boden erwächst. Auch den Drachen, der das Goldene Vlies bewacht, schläfert Medea ein. Somit gelingt es Jason, das Goldene Vlies zu holen. Für ihre Hilfe verspricht Jason Medea ewige Liebe und Ehe. Sie fliehen gemeinsam mit der Argo zurück nach Griechenland.

40

König Aietes entdeckt die Flucht und sendet den Argonauten seine Flotte hinterher, angeführt durch seinen Sohn Absyrtos. Die Kolcher holen die Griechen ein. Medea lockt ihren Bruder in einen Hinterhalt. Sie bittet ihn, auf das feindliche Schiff zu kommen, um sie und das Goldene Vlies zurückzuholen. So ermordet Jason zunächst Absyrtos und anschließend die gesamte Mannschaft der Kolcher.

Nach mühseligen Irrfahrten kehren sie nach Griechenland zurück. Den Thron bekommt Jason jedoch nicht wie versprochen zurück. Er muss das Land verlassen und mit Medea nach Korinth flüchten. Dort leben sie viele Jahre und Medea gebärt ihm drei Söhne. Als sie an äußerlicher Schönheit verliert, verlässt Jason sie treulos, um die junge Tochter des Königs von Korinth, Glauke, zu heiraten. In ihrer Trauer und Verzweiflung tötet Medea ihre Nebenbuhlerin mit vergifteten Gewändern, die sie ihr zur Hochzeit schenkt. Glauke stirbt unter großen Qualen. Anschließend tötet Medea auch noch ihre drei Kinder, um Jason angemessen zu verwunden. Schließlich fährt sie auf einem mit Drachen bespannten Wagen durch die Luft davon. Als Jason die Leichen seiner Kinder findet, stößt er sich selbst das Schwert in die Brust.

Die Sage soll zunächst von allen Schülerinnen und Schülern sorgfältig gelesen werden (TA, S. 19–24). Im offenen Unterrichtsgespräch werden inhaltliche Fragen geklärt. Viele Szenen der Argonautensage eignen sich gut für eine bildnerische Umsetzung, die hier der Textsicherung und ersten inhaltlichen Verarbeitung dient.

Der Arbeitsauftrag dazu lautet:

❏ *Sucht euch einen der vier Abschnitte der Argonautensage aus und versucht, eine Szene daraus zu malen. Seid darauf vorbereitet, anschließend euer Bild euren Mitschülern vorzustellen und zu begründen, warum es euch sinnvoll erschien, gerade diese Szene zu malen.*

Die Bilder sollen im DIN-A3-Format angefertigt werden. Hierfür eignen sich am besten Wasserfarben oder Wachsmalstifte. Die Schülerinnen und Schüler sollen sich vorab für einen Abschnitt entscheiden. Es muss gewährleistet sein, dass am Ende der Stunde Szenen aus allen vier Abschnitten vorhanden sind. Fertige Bilder werden im Klassenraum in chronologischer Reihenfolge aufgehängt. Die Schülerinnen und Schüler dürfen ihr Bild vorstellen, inhaltlich einordnen und ihre Wahl begründen.

Eine geeignete Aufgabe zur weiteren inhaltlichen Sicherung stellen folgende alternative Arbeitsaufträge dar:

❏ *Medea ist reuevoll in ihre Heimat Kolchis zurückgekehrt. Entwirf ein Gespräch zwischen ihr und ihrem Vater, in welchem sie ihn um Verzeihung bittet und ihm genau erklärt, was seit Jasons Ankunft in Kolchis vor zehn Jahren alles passiert ist.*

❏ *Sucht euch einen der vier Teile der Argonautensage aus und entscheidet euch für eine Figur aus diesem Teil. Stellt euch nun vor, ihr befindet euch in deren Situation. Was könnte die Figur in diesem Moment gerade denken? Berücksichtigt dabei auch, was denjenigen oder diejenige in diese Situation gebracht hat. Schreibt einen inneren Monolog.*

❏ *Als Jason stirbt, zieht sein Leben noch einmal an ihm vorbei. Halte in Stichworten fest, was er dabei alles sieht. Beginne mit dem Moment, in dem er als junger Mann nach Griechenland zurückkam.*

In der folgenden Stunde werden einige Schüler gebeten, ihre Ergebnisse vorzutragen.

4.2 ❏ Die Argonautensage – Produktive Umsetzung

Zum intensiveren Verständnis der Sage und ihrer „Moral" soll eine produktive Umsetzung der Geschichte erfolgen. Dieses soll zunächst durch die Inszenierung und Aufführung von Rollenspielen und anschließend durch eine Übertragung der Handlung in die heutige Zeit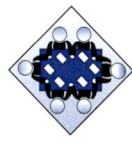

geschehen. Die Schüler und Schülerinnen finden sich zur Inszenierung der Rollenspiele in mehreren kleinen Gruppen zusammen und bekommen folgenden Arbeitsauftrag:

❑ *Ihr sollt ein Regiebuch für die Verfilmung der Sage verfassen. Sucht euch dazu eine Szene aus der Argonautensage aus und entwerft für die darin vorkommenden Figuren einen kurzen Dialog. Verteilt die Rollen untereinander und spielt die Szene in der nächsten Stunde euren Mitschülern vor. Sie sollte nicht länger als 5 Minuten dauern. Ihr dürft dabei ablesen, oder schafft ihr es auch ohne Textblatt?*

Es besteht die Möglichkeit, dass sich mehrere Gruppen für dieselbe Szene entscheiden. Dies ist besonders interessant, da die vielfältigen Möglichkeiten der Umsetzung einer einzigen Szene erkannt und die Ergebnisse verglichen werden können. Die Lehrperson kann (zu diesem Zweck) alternativ auch allen Gruppen dieselbe Szene zur Umsetzung vorgeben.

Auch könnte man die Idee zu einem größeren Projekt ausbauen und chronologisch alle wichtigen Szenen umsetzen und spielen lassen. Auf diese Weise würde ein echtes Regiebuch entstehen, das gegebenenfalls fachübergreifend einstudiert und als Theaterstück aufgeführt werden kann.

4.3 ❒ Jason und Medea

Nachdem die einstudierten Szenen vorgespielt worden sind, bekommt jeder Schüler noch einmal Gelegenheit, sich ganz persönlich mit der Argonautensage auseinander zu setzen, indem er eine Übertragung der Geschichte in die heutige Zeit vornimmt. Dafür eignet sich als Aufgabe folgender Arbeitsauftrag:

❑ *Schreibt eine kleine Geschichte mit ausgedachten Namen und Orten, die in der heutigen Zeit spielt, aber fast genauso verläuft wie die von Jason und Medea.*

Nachdem einige Schüler und Schülerinnen ihre Geschichte vorgelesen haben, wird das Arbeitsblatt 13 (S. 43) verteilt und von jedem Schüler in Einzelarbeit ausgefüllt. Anschließend wird ein abschließendes offenes Unterrichtsgespräch zur Argonautensage geführt, in dem die Schüler sich an ihren Aufzeichnungen orientieren können und angehalten werden, möglichst begründet zu argumentieren.

Notizen

_____

_____

_____

_____

_____

_____

_____

_____

_____

_____

_____

_____

Jason und Medea

1. Wie beurteilt ihr abschließend Medeas Verhalten? Könnt ihr es nachvollziehen? Welche ihrer Taten sind eurer Meinung nach gerechtfertigt, welche nicht?

_____

_____

_____

_____

Gerechtfertigte Taten	Nicht gerechtfertigte Taten

2. Wie hätte sie sich klüger verhalten können?

_____

_____

_____

3. Wie hättet ihr euch in ihrer Situation verhalten?

_____

_____

_____

4. Wie findet ihr Jason? Ist er für euch ein mutiger Held? Welche seiner Eigenschaften findet ihr lobenswert, welche nicht?

_____

_____

_____

_____

Lobenswerte Eigenschaften	Nicht lobenswerte Eigenschaften

5. Wie beurteilt ihr Jasons Verhalten Medea gegenüber?

_____

_____

_____

6. Findet ihr, Medea hat den großen Kummer, den Jason ihr zugefügt hat, verdient? Wenn ja, wieso? Umgekehrt: Hat Jason verdient, was Medea ihm angetan hat? Wenn ja, wieso?

_____

_____

_____

_____

EinFach Deutsch: Unterrichtsmodell Antike Sagen © Schöningh Verlag 2004

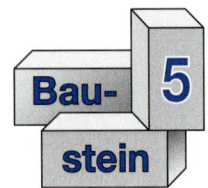

Herakles – ein Held?

5.1 ☐ Handlungsübersicht

Herakles ist eher unter seinem lateinischen Namen Herkules bekannt. Gerade Schülerinnen und Schüler kennen die Heldengestalt oft aus Kino und Fernsehen. Da die Drehbücher Herakles in allen möglichen Gefahrensituationen darstellen oder Begebenheiten in gekürzter oder veränderter Form wiedergeben, kennen Schüler den Grundstock des Heraklesmythos kaum. Ziel dieses Bausteins ist es, die Überlieferung der Heraklessagen anhand von Herakles' Lebenslauf kennen zu lernen. Im Vordergrund soll die kritische Auseinandersetzung mit dem Begriff „Held" stehen. In unserer multimedialen Welt werden Kindern viele so genannte Helden vorgestellt, Charaktere, die für das Gute oder das Böse kämpfen. Die kritische Auseinandersetzung mit dem Heldenbegriff soll die Kinder und Jugendlichen zu differenzierterer Bewertung befähigen.

Herakles wir der Sage nach von **Zeus** mit **Alkmene**, einer Sterblichen und Frau des Amphitryon, des Königs von Tyrins und später von Theben, in dessen Gestalt gezeugt. Zeus' Gemahlin Hera versucht sich dafür zu rächen, indem sie Herakles kurz nach der Geburt von zwei Schlangen töten lassen will, die dieser jedoch besiegt. Seine Erziehung übernimmt der **Kentaure Chiron**. Mit 18 Jahren wird Herakles vor die Entscheidung gestellt, ob er in seinem Leben den einfacheren Weg der Glückseligkeit oder den anstrengenden Weg der Tüchtigkeit gehen will. Herakles entscheidet sich für die Tüchtigkeit. Er macht es sich zur Aufgabe, ganz Griechenland von Untieren zu säubern, und besiegt im Kampf die Minyer, Feinde Thebens. Für diese ersten Heldentaten bekommt er von Hermes ein Schwert, von Apollon Pfeile, von Hephaistos einen goldenen Köcher und von Athene einen Waffenrock. Als sich die Giganten, die riesenhaften Kinder des ältesten Götterpaares Uranos und Gaia, gegen die Herrschaft des Zeus erheben, streckt Herakles sie mit seinen Pfeilen nieder und bekommt zum Dank von Zeus den Namen Olympier. Danach begibt sich Herakles in den Dienst seines Cousins **Eurystheus**, König von Mykenä. Dieser, wie Herakles ein Enkel des Perseus, ist durch Heras Wirken vor Herakles auf die Welt gekommen, wodurch Herakles ihm zum Dienst verpflichtet ist. Während der Zeit bei Eurystheus verrichtet Herakles in zehn Jahren zwölf „Heldentaten". Danach ist er ein freier Mann und heiratet **Deianeira**, die Tochter des Königs von Ätolien. Sein irdisches Leben endet durch eine List des Kentauren **Nessus**. Als Unsterblicher steigt Herakles in den Olymp auf und bekommt als Zeichen der Versöhnung Heras Tochter **Hebe**, die Göttin der ewigen Jugend, zur Frau. Die Römer ernannten Herakles zum Gott des Handels, des Verkehrs und des Kriegsdienstes. In Darstellungen ist Herakles meistens mit einer Keule und einem Löwenfell ausgestattet.

5.2 ☐ Herakles' Herkunft und Erziehung (TA, S. 25/26)

Das Arbeitsblatt 14 (S. 49) dient der Textsicherung (TA, S. 25–30). Die Texte können vorbereitend zur ersten Heraklesstunde gelesen werden. Die Bearbeitung des dazugehörigen Arbeitsblattes kann in der nächsten Stunde erfolgen.

5.3 ☐ Glückseligkeit oder Tüchtigkeit? (TA, S. 26–28)

Der Mythos von Herakles am Scheideweg eignet sich dazu, mit den Schülern das Einschlagen verschiedener Lebenswege zu thematisieren und diese zu beurteilen. Das Wettbewerbsgespräch zwischen der Glückseligkeit und der Tüchtigkeit kommt besonders gut zum Tragen, wenn man den Text mit verteilten Rollen lesen lässt. Damit die Schülerinnen und Schüler entscheiden können, welcher Weg in ihren Augen der richtige bzw. der bessere ist, sollten sie sich die Eigenschaften der beiden Wege, die auch durch das Aussehen der beiden Frauen symbolisiert werden, zuerst deutlich machen. Das kann durch folgende Aufgaben geschehen:

❐ *Zeichnet auf einem DIN-A3–Blatt die beiden Frauengestalten, so wie sie im Text dargestellt werden. Lasst im Hintergrund die Dinge erscheinen, die sie jeweils versprechen.*

❐ *Stellt auf einem DIN-A3–Blatt mithilfe von Zeitschriften eine Collage zusammen, die die beiden unterschiedlichen Wege der Glückseligkeit und der Tüchtigkeit darstellen.*

Diese Aufgaben lassen sich eventuell auch in Kooperation mit dem Kunstunterricht durchführen. Gerade bei der zweiten Aufgabe wird es interessant sein, welche Dinge die Schülerinnen und Schüler aus heutigen Zeitschriften den einzelnen Wegen zuordnen werden. Zur Sicherung sollen die Unterschiede an der Tafel gesammelt werden. Dabei sollte man auch darauf eingehen, dass die Tüchtigkeit im Text einen hohen Redeanteil und eine differenziertere Argumentation hat als die Glückseligkeit:

❐ *Vergleicht das Aussehen der beiden Frauengestalten sowie ihre Versprechungen und Argumente, mit denen sie Herakles überzeugen wollen, jeweils ihren Weg zu gehen.*

Folgendes Tafelbild sichert die Ergebnisse:

Die Wahl zwischen Glückseligkeit und Tüchtigkeit

Glückseligkeit	Tüchtigkeit
Aussehen: • strahlendes Antlitz • kunstvoll geschminkt • auffällige Kleider und kostbarer Schmuck • wohl klingende Stimme	**Aussehen:** • hohe schmale Gestalt • herbe Schönheit • schlichtes Gewand • wirkt streng
Versprechungen	**Keine Versprechungen/ Argumentation**
• wird auf die angenehmste Straße führen • bewahrt vor Arbeit, Mühe, Krieg und Gefahr • verschafft jeden Genuss • verspricht ein herrliches Haus mit blühenden Gärten • verspricht ein weiches Ruhelager • verspricht Süßigkeiten und Obst, Kirschen, Pfirsiche, Trauben und erlesene Getränke	• will keine Genüsse vorspiegeln, sondern die Dinge so darstellen, wie die Götter sie gewollt haben • die Götter gewähren den Menschen nichts Wünschenswertes ohne Arbeit • man muss die Götter verehren, dann sind sie gnädig • man muss seinen Freunden, dem Staate und der menschlichen Gemeinschaft nützen, dann wird man von ihnen geliebt • nur wer zuvor gearbeitet hat, weiß auch die Genüsse zu schätzen • befähigt zu Leistungen und zu Ruhm

Nachdem sich die Lernenden mit der Unterschiedlichkeit der beiden Wege auseinander gesetzt haben, sollen sie für sich entscheiden, welcher Weg der richtige ist. Dies kann anhand der beiden Hauptaussagen der Glückseligkeit und der Tüchtigkeit geschehen. Sie können den Schülern als Leitfaden und Basis für ihre Argumentation dienen:

Die Glückseligkeit sagt:
„Ich bewahre dich vor Arbeit und Mühe, vor Krieg und Gefahr. Ich verschaffe dir jeden Genuss."
Die Tüchtigkeit sagt:
„Wer ernten will, der muss zuvor säen."

❑ *Lies dir die Aussagen der Glückseligkeit und der Tüchtigkeit durch.*
   Wie beurteilst du diese beiden Lebenswege?
   Hat Herakles deiner Meinung nach die richtige Entscheidung getroffen?

5.4 ❑ Der Heldenbegriff

Vorbereitend zur kritischen Auseinandersetzung mit dem Heldenbegriff sollen die Schülerinnen und Schüler als Hausaufgabe eine Figur oder eine Person im Postkartenformat malen oder aufkleben, die in ihren Augen ein Held ist. Arbeitsblatt 15 (S. 50) kann dabei zur Vorbereitung und Reflexion dienen.

❑ *Malt oder klebt eine Figur oder Person im Postkartenformat (Querformat) auf, die in euren Augen ein Held ist.*

Wann ist wer ein Held?

Es gibt Übereinstimmungen zwischen der Antike und der Gegenwart: Helden halfen bei Bedrohungen, die früher z.B. in wilden Tieren oder Kriegen bestanden, während es heute v. a. Unfälle, Naturkatastrophen, schwere Krankheiten oder Verbrechen sind, bei denen Feuerwehrmänner, Ärzte oder Polizisten u.a. zu **Alltagshelden** werden. Auch Sportler konnten damals wie heute Helden sein. Daneben hat sich mit den Jahrhunderten auch die Zahl der **fiktiven Helden,** die Kunst und Literatur erschufen, vergrößert, neben Herakles treten Superman, Elvis Presley und Harry Potter.
Was aber macht einen Helden aus? Die verschiedenen Merkmale eines Helden sollen mit den Schülerinnen und Schülern erarbeitet und diskutiert werden. Dazu eignen sich als Impuls, um eine Diskussion im skizzierten Sinn in Gang zu setzen, Bilder (z.B. auf Folie) verschiedener „Heldenfiguren", die aktuell aus der Lebenswelt der Schüler heraus genommen werden, z.B. in den Hitparaden platzierte Musiker, im Kino vertretene Schauspieler, aktive Sportler etc. Es können auch die „Postkarten" (s.o.) herangezogen werden.

❑ *Betrachtet diese Bilder.*
   Ist die jeweils abgebildete Person für euch ein Held?
   Warum ist sie ein Held?
   Welche Merkmale hat sie?

Es soll ausführlich darüber diskutiert werden, ob diese Person ein Held ist oder nicht. Dabei wird sich herausstellen, dass viele Tätigkeiten dieser Personengruppen nicht unbedingt als Heldentaten gesehen werden müssen. Zudem werden sich Unterschiede zwischen den einzelnen Helden bzw. Heldengruppen (Schauspieler, Politiker, Ärzte etc.) zeigen.
Zunächst sollte deutlich werden, dass es reale und fiktive Heldenfiguren gibt. Zu den realen Helden gehören Personen, die in ihrem alltäglichen Leben, oft durch ihren Beruf, besondere Taten vollbringen. Dazu könnte man auch Taten in der Politik, im Sport und in der Musikszene zählen. Zu den fiktiven Heldenfiguren gehören Helden aus Film und Fernsehen sowie die literarischen Helden. Man kann bei Schülern die Kenntnis von Comic-Helden, antiken Helden und anderen modernen literarischen Helden voraussetzen.

Unterscheidung zwischen realen und fiktiven Helden

Reale Helden	Fiktive Helden
→ Alltagshelden	→ Literarische Helden, z.T. auch bekannt aus Film und Fernsehen
z.B. Politik, Sport, Musik und verschiedene Berufsgruppen	z.B. Comic-Helden, antike Helden und andere Figuren aus der Kinder- und Jugendliteratur

Anschließend sollen die verschiedenen Merkmale von Helden aufgelistet werden. Dabei sollte man zwischen personenbezogenen und tatbezogenen Merkmalen unterscheiden. Zu den personenbezogenen Merkmalen gehören ein besonderes Aussehen, eine besondere Ausrüstung oder besondere Fähigkeiten der Person oder Figur. Die tatbezogenen Merkmale werden dadurch erschlossen, dass man den Grad der Gefahr und den Sinn der vermeintlichen Heldentat beurteilt.

Die Merkmale lassen sich folgendermaßen an der Tafel zusammenfassen und abschließend auf das nun vollständig ausgefüllte Arbeitsblatt 15 rückbeziehen:

Personen- und tatbezogene Merkmale

Personenbezogene Merkmale	Tatbezogene Merkmale
• besonderes Aussehen • besondere Ausrüstung • besondere Fähigkeiten, z.B. übernatürliche Kräfte	• Befreiung aus Notlagen • Errettung von Leben • Hilfeleistung unter (Lebens-)Gefahr.

5.5 ◻ Herakles – ein Held? (TA, S. 28–31)

Im nächsten Schritt soll nun erörtert werden, ob Herakles ein Held ist. Die Schüler sollen mit einer Auswahl von Heldentaten konfrontiert werden, die sowohl darstellen, wie Herakles ein Untier oder Feinde bekämpft, als auch solche Taten, bei denen die Heldentat fraglich erscheint. Hier eine Auswahl:

- Herakles besiegt den Löwen (TA, S. 28)
- Herakles besiegt die Mynier (TA, S. 28)
- Herakles reinigt den Stall des Augias (TA, S. 30)
- Die Äpfel der Hesperiden (TA, S. 30–31)
- Die Hirschkuh Kerynitis (Zusatzmaterial 3, 4)
- Die Stuten des Diomedes (Zusatzmaterial 3, 4)

Die Klasse wird in sechs Gruppen eingeteilt. Jede Gruppe liest eine der oben angegebenen Taten oder die Taten nach Schwab im Zusatzmaterial 3 und 4 (S. 97ff.). Danach soll die

Gruppe diskutieren, ob es sich bei dieser Tat um eine Heldentat handelt. Außerdem muss beachtet werden, welche Konsequenz die Bewertung der Tat für die Bewertung von Herakles als Held hat.

❏ *Lest die euch zugewiesene Tat des Herakles.*
1. *Diskutiert, ob man sie als Heldentat bezeichnen kann.*
2. *Notiert nun euer Ergebnis in einer Liste von Pro- und Contra-Argumenten:*
   Ist die Tat eine Heldentat (Pro) oder nicht (Contra)?
   Ist Herakles ein Held (Pro) oder nicht (Contra)?

Im Hinblick auf die personenbezogenen Merkmale ist Herakles ein Held. Seine besondere Ausrüstung hat er von den Göttern geschenkt bekommen, seine Keule hat er sich selbst geschnitzt und den Löwen, dessen Fell er trägt, hat er selbst erlegt. Herakles hat übernatürliche Kräfte, denn er ist überdurchschnittlich stark. Trotzdem ist es fraglich, ob Herakles ein Held ist. Zwar rettet er oft ganze Landstriche vor furchtbaren Untieren und begibt sich dabei im Kampf in Lebensgefahr, doch bei den tatbezogenen Merkmalen erscheint der Sinn der Tat bisweilen fraglich. Warum ist der Fang der Hirschkuh Kerynitis heldenhaft, schließlich ist diese Kuh doch heilig? Warum ist es heldenhaft, die Äpfel der Hesperiden zu stehlen? Nur weil sie aus Gold sind? Und außerdem stiehlt Herakles sie noch nicht einmal selbst, sondern benötigt die Hilfe von Atlas. Und warum muss Diomedes Opfer seiner eigenen Stuten werden?

Die Lernenden sollen nun abschließend überlegen, wie die Taten des Herakles in die heutige Zeit passen. Lassen sie sich transferieren?

❏ *Schreibt eure Herakles-Sage so um, dass sie in der heutigen Zeit spielt.*
Beachtet folgende Punkte:
Die Sage muss in ihren Grundzügen noch erkennbar sein.
Ihr dürft euch aussuchen, welche Art von Held ihr nehmen wollt.
Ihr könnt alle Merkmale, die einen Helden kennzeichnen, einzeln oder gemischt anwenden.

5.6 ❏ **Der Tod des Herakles** (TA, S. 31/32)

Neben Chiron im Speziellen gilt die Spezies der Kentauren allgemein als heimtückisch und gewalttätig. Auch der Kentaure Nessus hat diese Eigenschaften. Durch einen heimtückischen Plan will er sich in seinen letzten Minuten an Herakles rächen, der ihm beim Versuch, Deianeira zu entführen, einen giftigen Pfeil in den Leib geschossen hat. Nessus greift zu einer Lüge und behauptet Deianeira gegenüber, dass sie mit seinem Blut die Liebe ihres Mannes in Eifersuchtssituationen zurückgewinnen kann. Dabei hat das Blut nur eine Eigenschaft: Es bringt Herakles um sein irdisches Leben. Deianeira ist die tragische Gestalt in dieser Sage. Sie kämpft für das Gute, für die Liebe zu ihrem Mann, und vernichtet ihn damit. Dieses tragische Schicksal wird vielen Lesern ungerecht erscheinen, zudem wäre es einfach gewesen, es zu verhindern, indem Deianeira rechtzeitig gewarnt worden wäre.
Der Text wird gemeinsam gelesen und im Unterrichtsgespräch wird überlegt:

❏ *Welche Rolle spielt Deianeira in dieser Sage?*

Eine kreative Schreibaufgabe greift die im Gespräch geäußerten Gedanken auf und führt zu einem veränderten Schluss der Sage. Wahlweise arbeiten die Schüler an folgenden Aufgaben:

❏ *Schreibt die Sage um.*
Erfindet eine Gestalt, die Deianeira warnt. Hoffentlich kommt eure Warnung früh genug!

❏ *Schreibt einen Brief an Deianeira, in dem ihr sie vor ihrem Vorhaben warnt.*
Hoffentlich könnt ihr sie überzeugen, dass sie im Unrecht ist.

Herakles/Herkules

Herkules (die Griechen nennen ihn _____ [ερακλες]) war der Sohn von

_____ und _____.

Weil ihr Mann wieder einmal fremdgegangen war, wollte _____ ihre Wut an

dem Kleinen auslassen und ihn schon als Säugling von zwei _____ töten

lassen. Der kleine Held konnte sie aber bezwingen.

Seine Erziehung übernahm Chiron, ein _____ ; das war ein

_____ mit dem Oberkörper eines Menschen.

Mit 18 Jahren wurde Herkules vor die Wahl zwischen _____ und

_____ gestellt. Herkules wählte die _____.

Nach seinen ersten Heldentaten bekam er von Hermes

_____, von

Apollon _____,

von Hephaistos

_____ und von

Athene _____.

Herkules, der mittlerweile das Fell

eines _____

trug, musste anschließend für seinen

_____ Helden-

taten vollbringen, und zwar

_____.

❏ *Lies den Sagentext sorgfältig durch und trage die fehlenden Wörter ein.*

49

Ein wahrer Held!?

Name: _____

Ort: _____

Besondere Fähigkeiten, Merkmale: _____
_____
_____

Tätigkeit, Zeitvertreib, Beruf: _____
_____

Heldentaten: _____
_____
_____

Dies ist ein Held, weil… _____
_____

Dies ist kein Held, weil… _____
_____

EinFach Deutsch: Unterrichtsmodell: Antike Sagen © Schöningh Verlag 2004

Theseus

6.1 ☐ Handlungsübersicht

Theseus ist der Sohn des Athener Königs Ägeus und der Aithra, deren Vater Pittheus ist, der König von Troizen in der Argolis. Dort geboren und unter der Aufsicht des Großvaters erzogen, tritt Theseus als Jüngling die Wanderschaft zu seinem Vater nach Athen an. Dieser hat Erkennungszeichen (Sandalen und ein Schwert) unter einem großen Stein hinterlassen und Aithra aufgetragen, Theseus solle, wenn er herangewachsen und kräftig genug sei, den Stein heben und mit den Kennzeichen zu ihm nach Athen kommen. Bis dahin solle ihm Aithra seine väterliche Abkunft verschweigen.

In sechs Abenteuern, die er unterwegs auf dem Weg nach Athen zu bestehen hat, befreit er Land und Leute von sechs Unholden:

– Bei Epidauros erschlägt er den Straßenräuber Periphetes, der vorbeikommende Wanderer mit seiner eisenbeschlagenen Keule getötet hat.

– Der „Fichtenbeuger" Sinis, der seine Opfer durch auseinander schnellende Fichtenstämme zerreißen lässt, wird von Theseus niedergeschlagen und er lässt ihn als Strafe auf die gleiche Weise leiden wie seine Opfer.

– Im Gebiet von Korinth erlegt der Held das Kommyonische Wildschwein.

– Nahe Attika treibt der riesige Straßenräuber Sikion sein Unwesen, indem er, auf einem Felsen sitzend, die Vorbeikommenden zwingt, ihm die Füße zu waschen, worauf er sie durch einen Fußtritt ins Meer hinabstößt. Theseus bereitet diesem Unhold das gleiche Schicksal.

– Den Wegelagerer Kerkyon tötet er bei der Stadt Eleusis im Ringkampf, wie es dieser mit seinen Opfern zu tun pflegte.

– Schließlich bezwingt er den brutalsten jener Unholde, den Riesen Damastes, auch Prokrustes, „der Gliederausstrecker", genannt. Dieser zwingt Wanderer in eines seiner beiden Betten: die Kleinen durch Dehnen in das große, die Großen durch Verstümmeln in das kleine Bett. Theseus bestraft ihn, indem er ihm in seinem kleinen Bett den Leib zerschneidet.

In Athen angekommen und von seinem Vater freudig aufgenommen, übernimmt Theseus die Aufgabe, die Stadt von dem grausamen Tribut zu befreien, mit dem sie von Kretas König Minos belegt worden ist. Der Tribut verlangt von den Bürgern, alle neun Jahre sieben Knaben und sieben Mädchen als Fraß für den Minotaurus zu stellen. Mithilfe von Ariadne, der schönen Tochter des Königs Minos, besteht der Held auch dieses Abenteuer erfolgreich. Mittels des von ihr erhaltenen Garnknäuels findet Theseus nach der Tötung des Minotaurus aus dem Labyrinth wieder heraus. Zusammen mit Ariadne, der er die Ehe versprochen hat, verlässt er Kreta, lässt sie dann aber auf der Insel Naxos zurück. Bei seiner Rückkehr verschuldet er den Tod seines Vaters Ägeus, der sich wegen seines totgeglaubten Sohnes aus Verzweiflung vom Felsen ins Meer stürzt.

Zu seinen weiteren Taten gehören die Entführung der Helena, seine Teilnahme am Zug gegen die Amazonen, wobei der Held deren Königin Hippolyte als Beute gewinnt und seinen Sohn Hippolytos zeugt. Seinem Freund Peirithoos steht er auf einer Hochzeitsfeier im Kampf gegen die Kentauren bei sowie bei dem frevlerischen Versuch, Persephone aus der Unterwelt zu entführen. Dort zur Strafe festgehalten, wird er von Herakles befreit, findet dann jedoch Menestheus auf dem Thron Athens und flieht nach Skyros zu seinem Gastfreund Lykomedes, der ihn nach freundlicher Aufnahme heimtückisch ermorden lässt.

6.2 ❐ Geburt und Jugend

Vorbereitend wird der Text „Theseus' Geburt und Jugend" (Zusatzmaterial 5, S. 100) gelesen.

Die Sage ist chronologisch aufgebaut und beginnt mit der Geburt des Helden bzw. mit der Zusammenkunft seiner Eltern und endet mit seinem Tod. In diesem Abschnitt erfährt der Leser etwas über wichtige Personen in seinem Umfeld, seine Kindheit und sein Heranwachsen. Erste Parallelen zu Herakles sind schon hier erkennbar.

Die ersten Zeilen der Theseus-Sage in der Bearbeitung von Richard Carstensen lauten: „Zu der Zeit, da Herakles mit seinen Taten zum Wohltäter der Bedrängten wurde, regierte in Athen König Aigeus. …"

Bereits in diesem ersten Satz der Sage wird der Held Herakles erwähnt, der, wie später bekannt wird, Theseus' großes Vorbild ist. Es besteht an dieser Stelle die Möglichkeit, den Satz an die Tafel zu schreiben und die beiden Sagen als Heldensagen miteinander zu vergleichen. Die Schülerinnen und Schüler erhalten folgenden Arbeitsauftrag:

❐ *Lest noch einmal den Beginn der Herakles-Sage (Herkunft und Erziehung, TA, S. 25ff.) und vergleicht diesen in Partnerarbeit mit dem Anfang der Theseus-Sage. Gibt es Ähnlichkeiten in den ersten Lebensjahren zwischen den beiden Helden? Listet diese tabellarisch auf und stellt sie gegenüber.*

Um die Textanalyse zu konkretisieren, können hier auch Leitfragen gestellt werden, wie z.B.

❐ *Welches sind die Eltern der beiden Helden?*
❐ *Welche Eigenschaften haben Herakles und Theseus?*
❐ *Wie sind sie aufgewachsen? Gibt es Gemeinsamkeiten in ihrem Lebenslauf?*
❐ *Haben sie besondere Kräfte oder Fähigkeiten? Welche?*
❐ *Vollbringen sie besondere Taten? Welche lassen sich benennen?*

Für die Auswertung bietet sich folgendes Tafelbild an:

Herakles	Theseus
– sein Vater ist Zeus, seine Mutter Alkmene, eine Sterbliche	– seine Eltern sind Menschen
– besonders stark	
– wollen Gutes tun und für die Gerechtigkeit eintreten	
– mutig, abenteuerlustig	
– Hera, die erste Frau des Zeus, ist eifersüchtig und will Herakles töten (mithilfe von Schlangen)	– Medea, die erste Frau des Aigeus, ist eifersüchtig und will Theseus töten (mithilfe von Gift)
– sind blutsverwandt	

Im Anschluss an diesen Vergleich sollen die Schülerinnen und Schüler das Arbeitsblatt 16 (S. 58) in Einzel- oder Partnerarbeit bearbeiten, wodurch der Inhalt des ersten Sagenabschnitts gesichert wird.

Die Lösungen lauten:
Ägeus/Delphi/Ägeus/Pittheus/Aithra/Troizien/Athen/Schwert und Sandalen/Athen/Theseus/Sandalen/Schwert/Herakles

Im Anschluss wird die Sage weitergelesen (vgl. Zusatzmaterial 6, S. 101).

6.3 ☐ Die Wanderung nach Athen

Theseus wird in diesem Kapitel (s. Zusatzmaterial 6, S. 101) zum aktiven Helden, nachdem zuvor hauptsächlich die Zusammenkunft seiner Eltern, sein Umfeld und sein Heranwachsen im Mittelpunkt des Interesses standen. Auf seiner Wanderung zum Vater begegnen ihm sechs Unholde, die er nach dem Vorbild des Herakles mutig zu überlisten und unschädlich zu machen weiß. Auf diese Weise hilft er den Menschen und befreit sie von verhassten und gefürchteten Plagen.

Es bietet sich an, den Schülern in Partnerarbeit folgenden Arbeitsauftrag zu geben:

☐ *Liste die sechs Heldentaten des Theseus stichwortartig auf. Nimm die vorgefertigte Tabelle zu Hilfe und vervollständige sie.*

	Unhold	Eigenschaft des Unholds	Ort	Lösung
1	Periphestes	Periphestes tötet alle Vorbeikommenden mit einer eisenbeschlagenen Keule	Epidauros	Theseus erschlägt Periphestes mit seiner eigenen Keule
2				
3				
4				
5				
6				

Die Ergebnisse dieser Arbeit werden auf einer Folie festgehalten und mithilfe des Over-head-Projektors an die Wand projiziert.

Im weiteren Verlauf der Unterrichtsstunde werden die Schüler gebeten, in Partnerarbeit folgende Fragen zum Textverständnis zu erarbeiten.

- ❒ *Welche Leistungen machen Theseus zu einem Helden? Überlege noch einmal, was einen Helden auszeichnet.*
- ❒ *Was ist ein „Unhold"? Erkläre es anhand der einzelnen Heldentaten.*
- ❒ *Welchen Anforderungen sind die Menschen heute ausgesetzt? Was könnte also heute einen Menschen zu einem Helden machen? Nenne Beispiele.*

Eine produktionsorientierte Herangehensweise bietet folgende Aufgabe, die in Form einer Hausaufgabe erarbeitet, in der folgenden Stunde präsentiert und im Klassenraum aufge-hängt werden kann.

- ❒ *Schreibt einen Steckbrief zu Theseus. Bestimmt habt ihr von euch selbst auch schon einmal einen Steckbrief angefertigt. Beachtet: In einen Steckbrief gehören auf jeden Fall Name, Geburtsort, Eltern, Werdegang, Beruf, besondere Fähigkeiten. Ihr dürft eure Fantasie spielen lassen und euch etwas ausdenken, falls der Text zu wenig hergibt. Interessant wäre es, wenn ihr in der Art eines Passfotos ein Bild von Theseus maltet.*

6.4 ❒ Theseus bei Minos

Im Folgenden werden einige Aspekte zur handlungs- und produktionsorientierten Arbeit mit der Sage um Theseus und König Minos von Kreta vorgeschlagen. Diese beziehen sich auf eine Textfassung von Dimiter Inkiov, die besonders kindgerecht geschrieben ist und somit Schülerinnen und Schüler der Jahrgangsstufen 5–7 in besonderer Weise an-spricht und motiviert. Die in der Textausgabe abgedruckte Sage „Dädalos und Ikaros" (S. 16–17) sollte zuvor erarbeitet werden, da sie inhaltlich die Vorgeschichte von Dädalos behandelt. Der im **Zusatzmaterial 7**, S. 102 ff. angefügte Text von Inkiov geht detaillierter auf Theseus' Besuch bei Minos ein, während die in der Textausgabe abgedruckte Sage dies nur andeutet.
Zunächst sollte der Text mit den Schülerinnen und Schülern gemeinsam gelesen werden, um Verständnisschwierigkeiten zu klären. Anschließend wird zunächst eine Inhaltsüber-sicht erstellt, indem die im Text vorgegebenen Abschnitte mit einer aussagekräftigen Überschrift versehen werden. Im Anschluss daran sollte der sprichwörtliche „Ariadne-faden", der zwar in der Alltagssprache keine besondere Bedeutung mehr hat, aber z. B. in poetischen Texten Verwendung findet, thematisiert werden.

- ❒ *Lest die Sage „Theseus und der Faden der Ariadne" genau durch und fasst sie mit eigenen Worten zusammen.*
- ❒ *Schreibt zu den einzelnen Textabschnitten jeweils eine aussagekräftige Überschrift auf.*
- ❒ *Gelegentlich wird in unserer Sprache oder in literarischen Texten der Begriff „Ariadne-faden" verwendet. Was könnte jemand mit folgender Aussage meinen: „Das war mein ‚Ariadnefaden!'" oder „Du warst mein ‚Ariadnefaden'".*

Gemeint ist im metaphorischen Sinne die Befreiung aus einer Wirrnis, die Rückgewinnung einer klaren Linie (im Leben) und einer beruhigenden Ordnung. Der sprichwörtliche „rote Faden" könnte auch damit in Zusammenhang gebracht werden, hier gibt es jedoch auch andere Erklärungsansätze.
Die Ergebnisse der Textgliederung können folgendermaßen an der Tafel gesichert oder direkt in die Textvorlage geschrieben werden:

Theseus und der Faden der Ariadne – Textgliederung

1. Theseus' Entschluss, nach Kreta zu segeln, um die Opfer zu beenden
2. Das Streitgespräch zwischen Minos und Theseus
3. Ariadne und Theseus bei Daidalos und der Plan, wie der Minotaurus besiegt werden kann
4. Theseus' erfolgreicher Kampf gegen den Minotaurus und die Rückkehr aus dem Labyrinth
5. Daidalus' Idee, wie es den Athenern gelingen kann, in ihre Heimat zurückzukehren.
6. Das vergessene rote Segel und Aigeus' Tod
7. Was aus Theseus und Ariadne wurde

Anschließend kann mit den Schülerinnen und Schülern ein Projekt unter dem Titel „Sagenwerkstatt" organisiert werden, bei dem verschiedene handlungs- und produktionsorientierte Zugänge zu dieser Sage möglich sind. Das Vorgehen sollte dabei in enger Kooperation mit der Klasse erfolgen, die Ideen können jedoch auch vorgegeben oder sukzessive realisiert werden.

❑ *Welche Möglichkeiten, die Sage „Theseus und der Faden der Ariadne" zu bearbeiten, könnt ihr euch vorstellen? Sammelt diese.*

Mögliche Ansätze zur Ausgestaltung der Sage, die natürlich auch von der Lehrperson vorgegeben werden können, werden im Folgenden erläutert .

Szenisches Spiel

Die Ausgestaltung bietet sich in besonders kreativer Form als szenisches Spiel an, bei dem die Schülerinnen und Schüler zunächst ein Regiebuch erstellen. Sie müssen dabei besonders darauf achten, welche Textsignale zur Ausgestaltung der Sprechakte der verschiedenen Personen gegeben werden. Es bietet sich an, besonders den Anfang des Textes, die Fahrt Theseus' nach Kreta, den Abschied von seinem Vater und die Konfrontaton Theseus' mit König Minos, auszugestalten, da hier viele Personen involviert sind und die Regieanweisungen dem Text recht deutlich entnommen werden können. Bei der Erstellung eines Regiebuchs hilft das **Zusatzmateriall 10**, S. 108.

❑ *Führt Theseus' Abreise aus Athen und die Konfrontation mit König Minos in einem szenischen Spiel auf. Erstellt dazu zunächst ein Regiebuch und achtet besonders darauf, wie die einzelnen Personen sprechen sollten.*

Das szenische Spiel kann nach der Aufführung mithilfe eines Rückmeldebogens (**Zusatzmaterial 11**, S. 109) ausgewertet werden.

Ein Bild gestalten und auswerten

Es bietet sich auch an, den Inhalt der Sage in einem Bild zu gestalten, das eine bestimmte Szene aufgreift, beispie!sweise die Abfahrt Theseus' nach Kreta. Die Bilder können später im Museumsgang präsentlert werden und die herumgehenden Schülerinnen und Schüler können diese entsprechend bewerten. Bewertungskriterien können z. B. die zum Text passende farbliche Ausgestaltung sowie der Wiedererkennungswert sein: Ist der Inhalt der Sage bzw. eine bestimmte Szene deutlich erkennbar?

❏ *Sucht euch eine bedeutsame Szene aus der Sage „Theseus und der Faden der Ariadne" aus und gestaltet diese in einem Bild. Achtet darauf, dass man den Inhalt der Sage in diesem 2. Bild wiedererkennen kann, und setzt ganz bewusst bestimmte Farben ein, die zur Stimmung und zur beschriebenen Szene passen sollten.*

Einen Comic gestalten

Ähnlich wie beim Bild kann der Sageninhalt auch in einem Comic dargestellt werden. Hier sollten Kriterien festgelegt werden, um das Vorhaben auch zeitlich überblicken zu können. Man kann das Geschehen auf sechs bis acht Einzelbilder beschränken und es muss darauf geachtet werden, dass der Inhalt auch durch Sprech- und Gedankenblasen deutlich wird.

❏ *Gestaltet den Inhalt der Sage „Theseus und der Faden der Ariadne" in einem Comic. Nutzt dazu sechs bis acht Bilder und achtet besonders auf passende Sprech- und Gedankenblasen.*

Die Ergebnisse können ähnlich wie beim Bild in einem Museumsgang ausgewertet werden.

Ein Standbild erstellen

Die Schülerinnen und Schüler können sich auch eine Szene aus der Sage aussuchen und dazu ein Standbild erstellen. Die Abreise Theseus' und die Begegnung mit Minos bieten sich beispielhaft an. Das Standbild kann später durch Beobachtungsgruppen evaluiert werden. Die nicht bewertenden Schülerinnen und Schüler sollten das Standbild zunächst beschreiben und begründet darüber spekulieren, welche Szene der Sage dargestellt wird.

❏ *Sucht euch eine Szene aus der Sage „Theseus und der Faden der Ariadne" aus und stellt diese in einem Standbild dar. Achtet besonders auf Mimik und Gestik, die zur Szene, wie sie im Text beschrieben ist, passen müssen.*

Eine Improvisationstheaterszene aufführen

Bei dieser Methode sollten sich die Schülerinnen und Schüler zu einer Gruppe mit vier bis fünf Personen zusammenfinden. Ein Gruppenmitglied erzählt die Sage, die anderen setzen die Handlung durch Mimik und Gestik um. Dabei müssen sie besonders auf Textsignale, die Gefühle, Stimmungen, Empfindungen etc. ausdrücken, achten. Diese Methode ist sicherlich relativ schwierig und für leistungsstärkere Schülerinnen und Schüler, die besonderes Interesse an darstellendem Spiel haben, zu empfehlen. Die beobachtenden Schülerinnen und Schüler bewerten die Vorstellung und achten besonders darauf, ob die Darstellung (Mimik, Gestik) zum vorgetragenen Sagentext passt.

❏ *Führt die Sage „Theseus und der Faden der Ariadne" in einem Improvisationstheater auf. Einer von euch liest die Sage vor oder erzählt sie mündlich, die anderen stellen den Inhalt durch Mimik und Gestik dar. Arbeitet in Gruppen zu viert oder zu fünft.*

Nach dieser Erarbeitung bietet sich ein Exkurs zur antiken Theaterkultur an. Das **Zusatzmaterial 9**, S. 106 ff. enthält entsprechende Informationen.

6.5 ☐ Theseus und Phädra – Theseus' Ende

Mit dem **Zusatzmaterial 8** (Phädra, S. 105) werden die letzten Geschehnisse um Theseus relativ kurz zusammengefasst. Der Text wird vorgelesen. Im Anschluss daran bearbeiten die Schüler das **Arbeitsblatt 17** (S. 59) in Partnerarbeit.

Lösungen zu Arbeitsblatt 17:
1. Phädra; 2. jünger; 3. Ägeus, 4. Hippolytos; 5. Poseidon; 6. Schutz; 7. Ungeheuer;
8. Pferde; 9. Theseus; 10. Amme; 11. Weib; 12. Athener; 13. Verbannung

Lösungswort: Ägäisches Meer

Notizen

_____

_____

_____

_____

_____

_____

_____

_____

_____

_____

_____

_____

_____

_____

_____

_____

_____

_____

_____

_____

_____

_____

Ein uralter Fund

Bei Ausgrabungen nahe Athen wird eine alte Pergamentrolle gefunden, die durch die Erde sehr stark verschmutzt und über die vielen Jahre schon ein wenig verfallen ist. Bis auf einige Wörter, die nicht mehr lesbar waren, schreibt ein Altertumsforscher (Archäologe) den Text ab. Helft ihm, die folgende Geschichte zu vervollständigen:

Zur Zeit, da Herakles mit seinen Taten berühmt war, regierte in Athen der König _____.

Diesen König schmerzte es besonders, dass er ohne Erben blieb. Auch vom Orakel von

_____, das er um Rat fragte, bekam er keine tröstliche Antwort: „Besser ist es für dich,

wenn du keine Söhne hast, König _____, denn der Nachkomme, der dir beschert wird,

wird dir dereinst den Tod bringen."

Da gedachte Ägeus, sich heimlich zu vermählen, und als er auf einer Reise bei seinem Gastfreund

_____ einkehrte, verliebte er sich in _____, die Tochter des Freundes, und

nahm sie zur Frau. Nur kurze Zeit blieb er bei ihr in _____. Als er wieder nach

_____ zurückkehren und Abschied von der jungen Gattin nehmen musste, barg er

_____ und _____ unter einem Felsblock. „Wenn die Götter uns einen Sohn

schenken", gebot er ihr, „so zieh ihn meiner würdig auf, doch sollst du ihm seine Abkunft nicht verra-

ten. Erst wenn er herangewachsen und selber stark genug ist, diesen Felsen beiseitezuwälzen, soll

er meinen Namen erfahren und mich in _____ aufsuchen." Bald erblickte Aithras Sohn

das Licht der Welt. Sie nannte ihn _____ und ließ ihn unter Aufsicht des königlichen

Großvaters erziehen. Theseus entwickelte sich zu einem Jüngling, der alle Altersgenossen an Schön-

heit, Kraft und Klugheit überbot. Als er herangewachsen war, führte ihn seine Mutter zu dem großen

Stein; mit leichter Mühe hob der starke Sohn ihn auf. Da offenbarte ihm die Mutter seine väterliche

Abkunft, hieß ihn die _____ unter die Füße binden und reichte ihm das _____.

Theseus weigerte sich, den Seeweg zu wählen, worum seine Mutter ihn bat. Der junge Held wollte zu

Lande ziehen, denn ihn reizten die Gefahren, die allenthalben drohten, und es trieb ihn, nach dem

Vorbilde des _____ das Land von Räubern und Unholden zu befreien.

Aus: Carstensen, Richard (Hrg.): Griechische Sagen. Die schönsten Sagen des klassischen Altertums von Gustav Schwab. München: Deutscher Taschenbuch Verlag 2000, S. 161–162

EinFach Deutsch: Unterrichtsmodell: Antike Sagen © Schöningh Verlag 2004

Theseus' Ende

Wenn ihr den Text aufmerksam gelesen habt, könnt ihr die folgenden Fragen beantworten.
Ihr müsst dann nur noch die Buchstaben von oben nach unten lesen, die in Klammern angegeben sind.
Macht ihr alles richtig, so erhaltet ihr die Lösung.

Trage sie hier ein: _ _ _ _ _ _ _ _ _ _   _ _ _ _

1. Ariadnes Schwester heißt…   _____ (3)

2. Sie ist nicht älter, sondern … als Ariadne.   _____ (4)

3. Er ist der Vater des Theseus. …   _____ (1)

4. Phädra aber verliebt sich in …   _____ (2)

5. Theseus rief den Gott … zu Hilfe.   _____ (3)

6. Er ist der …-Gott des Theseus.   _____ (2)

7. Die See speit ein furchtbares … aus.   _____ (5)

8. Die … des Hippolytos scheuen   _____ (3)

9. Er ist Hippolytos' Vater und Schuld an dessen Tod. _____ (7)

10. Die frevlerische … hat schreckliche Gewissensbisse. _____

(2)

11. Theseus hat sein … und seinen Sohn verloren.   _____ (2)

12. Sein Volk, die …, kehren sich gegen Theseus.   _____ (4)

13. Theseus findet in der … einen einsamen Tod.   _____ (3)

Wenn ihr das Lösungswort herausgefunden habt, nehmt einen Atlas und seht nach, ob ihr den Begriff
in der Nähe von Griechenland finden könnt. Überlegt euch, was zu dieser Bezeichnung geführt haben
könnte. Geht noch einmal die Ereignisse aus der Theseus-Sage durch.

EinFach Deutsch: Unterrichtsmodell: Antike Sagen © Schöningh Verlag 2004

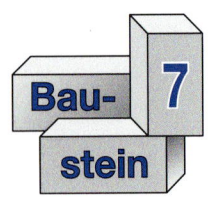

7 *Die Sage von Ödipus*

7.1 ❐ Das Delphische Orakel

Da bei dieser Sage Orakel und Orakelsprüche im Vordergrund stehen, soll der erste Erarbeitungsschritt Hintergrundinformationen zum Delphischen Orakel liefern (Arbeitsblatt 18, S. 63). Die Bedeutung und Funktion dieser Orakelstätte soll geklärt werden, wobei auch kurz, in Form eines Unterrichtsgespräches, der Aktualitätsbezug mit einfließen kann, da auch heute noch viele Menschen auf Zukunftsbekundungen bauen oder an das Horoskop glauben. Auf diese Weise soll das Interesse der Schülerinnen und Schüler geweckt und das Verständnis der Sage erleichtert werden. Folgende Abbildung, die den Schülern auf Folie präsentiert wird, soll mit dem Delphischen Orakel vertraut machen:

❐ *Was wird gezeigt?*
❐ *Wo befindet sich möglicherweise das Orakel?*

Der Sagentext wird bis zum Rätsel der Sphinx gelesen (TA, S. 33–35, Z. 36). Im Gespräch werden Eindrücke ausgetauscht und Fragen geklärt. Mithilfe der folgenden Schreibaufgabe kann eine Leerstelle des Textes bearbeitet werden:

❐ *Dem Hirten wird ein schlimmer Auftrag aufgebürdet. Bevor er in das Waldgebirge aufbricht, sucht er Rat bei seiner Frau. Versetze dich in die Lage des Hirten und seiner Frau und schreibe das Gespräch zwischen beiden auf.*

Nach der Präsentation der Ergebnisse legt die Lehrperson den Schülerinnen und Schülern das Rätsel der Sphinx vor (TA, S. 35, Z. 36–S. 36, Z. 5) und lässt im Gespräch nach möglichen Lösungen suchen. Nun wird die Sage bis zum Ende (TA, S. 40) gelesen.

Zum Abschluss soll darüber diskutiert werden, ob der Orakelspruch hätte verhindert werden können.

❐ *Überlegt, ob der Orakelspruch hätte verhindert werden können.*

Folgende Argumente könnten im Verlauf des Gespräches fallen:

- Ödipus' Eltern hätten ihn nicht weggeben sollen.
- Der Hirte hätte Ödipus behalten sollen.
- Ödipus hätte dem Gerücht, dass seine Pflegeeltern, die er für seine leiblichen Eltern gehalten hat, nicht seine wahren Eltern sind, keinen Glauben schenken sollen.
- Ödipus hätte den König nicht umbringen sollen/nicht so wütend werden sollen/sich anders wehren sollen.
- Der Orakelspruch hätte sich so oder so erfüllt, wenn nicht auf diese Weise, dann auf eine andere.
- Man kann seinem Schicksal nicht entgehen.

Nach der Lektüre der Sage (TA, S. 33–40) können die verwandtschaftlichen Beziehungen in einer Tafelskizze abschließend zusammengefasst werden:

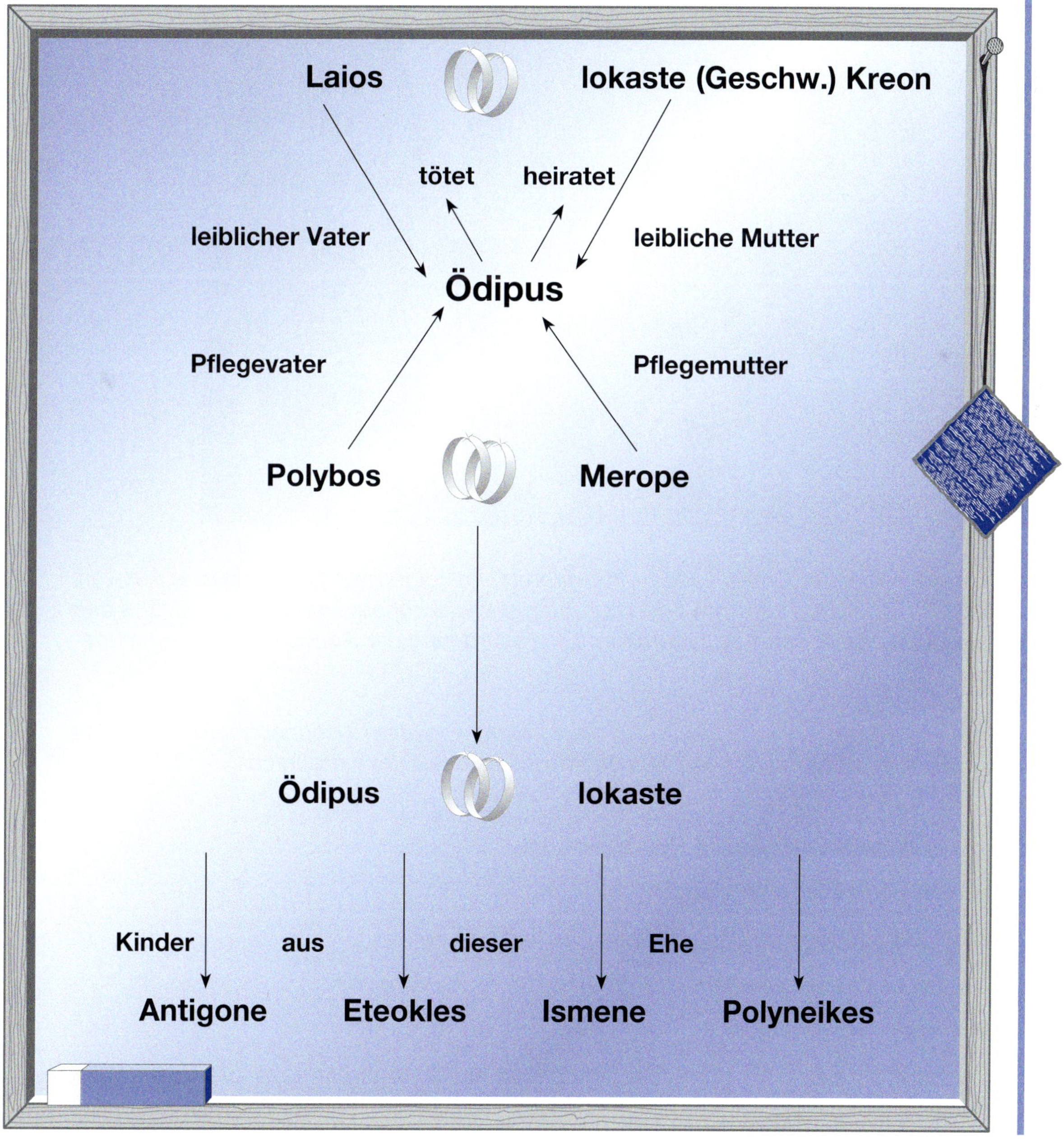

Laios ⊚⊚ **Iokaste (Geschw.) Kreon**

tötet   heiratet

leiblicher Vater   leibliche Mutter

Ödipus

Pflegevater   Pflegemutter

Polybos ⊚⊚ **Merope**

Ödipus ⊚⊚ **Iokaste**

Kinder   aus   dieser   Ehe

Antigone   Eteokles   Ismene   Polyneikes

Das Orakel von Delphi

Wer würde nicht gerne etwas über die Zukunft erfahren? Die alten Griechen befragten keine Kristall-
kugeln oder den Kaffeesatz, sondern das Orakel von Delphi. Im Heiligtum zu Delphi sprach der Gott
Apollon durch seine Priesterin, die Pythia genannt wurde, zu ihnen. Wer das Orakel befragen wollte,
musste Opfer darbringen.

❑ *Möchtest du noch mehr über das Orakel von Delphi erfahren? Im Folgenden findest du eine Auswahl
interessanter Fragen. Leider sind die Antworten darunter etwas durcheinandergeraten. Ordne den
Fragen jeweils die passende Antwort zu. Übernimm für die Ordnung der Antworten die Nummerie-
rung der Fragen.*

❑ *Könnt ihr euch die Antworten merken? Überprüft dies, indem ihr eurem Tischnachbarn oder eurer
Tischnachbarin jeweils eine Frage stellt, die aus dem Kopf beantwortet werden soll.*

1. *Wieso wurde die Wahrsagerin eigentlich Pythia genannt?*

2. *Warum hat die Pythia Lorbeerblätter gekaut?*

3. *Delphi – Delphin. Was hat denn Delphi mit einem Delphin zu tun?*

4. *Hätte ich das Orakel auch befragen können?*

5. *Hatte das Orakel jeden Tag geöffnet?*

6. *„Werde ich in diesem Schuljahr ein gutes Zeugnis bekommen?" Was hätte mir die Pythia wohl
darauf geantwortet?*

EinFach Deutsch: Unterrichtsmodell: Antike Sagen © Schöningh Verlag 2004

Hier die durcheinandergeratenen Antworten:

❒ In der Anfangszeit war das Orakelheiligtum nur an einem Tag im Jahr, dem Geburtstag Apollons, dem 7. Februar, geöffnet. Später erteilte Apollon – außer in den drei Wintermonaten – am 7. des Monats seine Orakelsprüche. Losorakel gab es allerdings auch an jedem anderen Tag des Monats.

❒ Die Pythia bereitete sich durch heilige Reinigungszeremonien, durch das Trinken des heiligen Quellwassers und das Kauen von Lorbeerblättern auf die heilige Handlung des Wahrsagens vor. Nachdem die Priester die Pythia feierlich ins Allerheiligste des Apollon-Tempels geleitet hatten, bestieg sie den lorbeergeschmückten heiligen Dreifuß, der über einer Erdspalte gestanden haben soll. Durch das Einatmen berauschender Dämpfe, die aus der Erdspalte hervorstiegen, verfiel sie in eine Art Trancezustand und unter krampfartigen Zuckungen gab sie Schreie und zusammenhanglose Worte von sich. Diese gestammelten Worte waren die Antworten des Gottes Apollon, die von den Priestern gedeutet und den Ratsuchenden in Form eines Orakelspruches mitgeteilt wurden.

❒ Apollon brauchte noch Priester für sein neu gegründetes Heiligtum. Als er eines Tages aufs Meer hinausblickte, sah er in der Ferne ein Schiff, das sich verirrt hatte. Apollon verwandelte sich in einen Delfin und lenkte das Schiff zu seinem neuen Heiligtum. Den Seefahrern befahl er, ihm als Priester zu dienen. So nannten die ersten Apollon-Priester diesen Ort Delphi, weil Apollon sie in Delfingestalt hierher geführt hatte.

❒ „Wenn du mit ganzer Kraft für die Schule arbeitest, wirst du ein gutes Zeugnis bekommen."

❒ An dem Ort, an dem später die Orakelstätte entstand, gab es – wenn man der Sage glauben will – eine heilige Quelle, die von der Drachenschlange Pytho bewacht wurde. Sie war ein schreckliches Ungeheuer, das jeden, der sich der Quelle näherte, verschlang. Apollon tötete das Ungeheuer mit seinem goldenen Pfeil und nahm das Heiligtum in seinen Besitz. Seitdem wurde Apollons orakelnde Priesterin Pythia genannt, in Erinnerung an die tötende Schlange.

❒ Das Orakel konnte jeder befragen. Es war alles nur eine Frage des Geldes. Die meisten Leute begnügten sich mit dem Losorakel. Hierbei durfte man nur ganz einfache Fragen stellen. Die Pythia zog dann vor aller Augen eines der beiden Lose, also entweder das göttliche „Ja" oder das göttliche „Nein". So hatte Apollon durch das Los gesprochen. Diese Art der Wahrsagung war viel billiger als die andere, die offizielle, die von Stadtstaaten, Königen und reichen Leuten in Anspruch genommen wurde. Hierbei durften die Fragen weit schwieriger sein. Entsprechend schwierig zu deuten waren dann auch die Antworten.

Aus: Tewes-Eck, Roswitha/Dunkel, Erich: Griechische Antike. Paderborn: Schöningh 1999, S. 23–25

EinFach Deutsch Unterrichtsmodell: Antike Sagen © Schöningh Verlag 2004

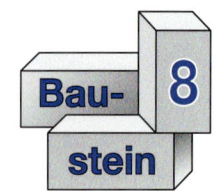

Die Sagen von Troja

8.1 ☐ Die Vorgeschichte des Kampfes um Troja
(TA, S. 41–49)

Zu Beginn der Unterrichtseinheit werden die Schülerinnen und Schüler über die Vorgeschichte des Trojanischen Krieges informiert (Arbeitsblatt 19, S. 68). Dann wird der Sagentext bis S. 56 der Textausgabe gelesen. Das Arbeitsblatt 20, S. 69 bietet die Möglichkeit, das Wissen der Lernenden zu überprüfen.

8.2 ☐ Die List des Odysseus und der Untergang Trojas (TA, S. 69–78)

Anschließend wird der Text mithilfe des verzögerten Lesens gelesen. Eine Pause wird an der Stelle gemacht, an der es heißt: „Und wenn wir endlich unser Ziel erreichen wollen, müssen wir uns anderer Mittel bedienen" (TA, S. 71, Z. 10–12). Die Arbeitsaufgabe, für die die Klasse in zwei „Lager" geteilt wird, bei dem das eine Lager für und das andere gegen den Plan des Odysseus ist, könnte wie folgt lauten:

☐ *Überlegt euch, wie es weitergeht. Stellt euch dabei vor, ihr seid Griechen im Lager. Abends am Lagerfeuer diskutiert ihr zu zweit, ob der Plan durchgeführt werden soll. Sprecht und spielt ein solches Gespräch.*

Eine Pro-und-Contra-Tabelle soll die Vor- und Nachteile des Plans von Odysseus herausstellen und die Ergebnisse sichern. Sie könnte folgende Ideen enthalten:

Argumente für den Plan (PRO)	Argumente gegen den Plan (CONTRA)
– intelligent gedacht	– feige
– viele Leute zum Bauen, darum nicht zu aufwändig	– zu aufwändig zu bauen
– Mittel, um die Troer zu besiegen	– Troer könnten die Geschichte nicht glauben
– der Kampf war bisher ohne Erfolg	– brennbar
– neue Taktik	– zu auffällig
– bereits zu viele Männer im Kampf verloren	– nicht ehrenhaft
– endlich das Ziel erreichen	– nicht mutig/tapfer
– Sieg wäre gewiss	– kein offener Kampf
– ...	– ...

Im weiteren Verlauf lesen die Schülerinnen und Schüler den Originaltext (bis S. 76) und vergleichen ihn mit ihren Vorstellungen vom Fortgang der Handlung.

Mithilfe zentraler Aussagen des Textes (Folie) soll im Anschluss daran die Frage nach der Schuld an dem langen Krieg um Troja diskutiert werden:

Mitbürger, trauet dem Tiere nicht!
Sie erbauten dieses Riesenpferd als Weihegeschenk!
Ich sehe es aus dem Bauch des Rosses hervorwallen!
Wenn ihr das Pferd verbrennt oder ins Meer werft, dann wäre das Verderben eurer Stadt gewiss!
Ich schaue die Stadt mit Feuer und Blut erfüllt!
Laokoon ist für sein Misstrauen bestraft worden!
Ihr alle kennt Odysseus' Listen!
Diese Gabe verbirgt irgendeinen gefährlichen Betrug!

Die Schüler erörtern die Schuldfrage in Gruppen. Eine Gruppe äußert sich für Helena als die Schuldige, eine zweite Gruppe für die Troer selbst bzw. Paris und eine letzte Gruppe für die Griechen als die Schuldigen.
Das ergebnissichernde Tafelbild oder die von den Gruppen angefertigten Plakate könnten wie folgt aussehen:

Paris selbst ist schuld, weil ...

...er Helena aus Liebe entführt hat und so den Krieg ausgelöst hat

...er Aphrodite gewählt hat und diese ihm wiederum Helena gezeigt hat

Die Troer sind schuld, weil...

... sie nicht auf Kassandra und Laokoon gehört haben

Die Griechen sind schuld, weil ...

... sie die Troer hinterhältig und feige angegriffen haben

... sie die Troer und ihre Stadt ruiniert haben

... sie Helena zurückholen wollten

... sie maßlos weitergemordet haben, obwohl die Troer schon besiegt waren

Helena ist schuld, weil ...

... sie sich von Paris geehrt fühlte und mit ihm gegangen ist

... sie hätte wissen können (sollen), dass man keinen Ehebruch begeht

Eine weitergehende Auseinandersetzung mit dem Sagentext erfolgt dadurch, dass die Schülerinnen und Schüler einen Zeitungsartikel verfassen, der wahlweise aus der Sicht der Griechen oder der Troer oder aus beiden Sichtweisen ausgewählte Vorkommnisse im Krieg (z.B. das Ende) noch einmal wiedergibt.

❒ *Der „Trojaner Kurier"/das „Athener Abendblatt" widmet den dramatischen Ereignissen in Troja die erste Seite ihrer neuesten Ausgabe. Die Redaktion der Zeitung hat dich beauftragt, einen entsprechenden Artikel zu schreiben. Denke auch an die passende Schlagzeile und ein Foto.*

Das abschließende Arbeitsblatt 21 (S. 70) soll zum Schluss das Verständnis der Sage sichern. Die Arbeitsaufgaben können in Gruppen- oder Partnerarbeit erledigt werden.
Die Tabelle zeigt einige Lösungsmöglichkeiten für die Aufgabe 2 des Arbeitsblattes 21.

Griechen	Troer
listig (TA, S. 71, Z. 5–10)	ungefährlich (TA, S. 71, Z. 1)
unnachgiebig/mordlustig (TA, S. 75)	hilfsbereit (TA, S. 72–75)
grausam/unmenschlich (TA, S. 77)	gutgläubig (TA, S. 72–75)
nur auf Sieg aus (TA, S. 71, Z. 11)	verzweifelt (TA, S. 75, Z. 22)

Die Antworten zu Aufgabe 4 lauten: a) Odysseus, b) Zeus, c) Sinon, d) Laokoon, e) Kassandra, f) Menelaos, g) Athene.

Im weiteren Verlauf sollen die Schülerinnen und Schüler sich, stellvertretend für die vielen Kämpfe, die in dem langen Krieg um Troja geführt wurden, den Kampf zwischen Menelaos und Paris ansehen (TA, S. 56–59). Der Text soll zunächst in Stillarbeit gelesen werden. Eine mögliche Arbeitsaufgabe wäre:

❒ *Zeichnet eine Szene oder ein Detail aus diesem wichtigen Kampf. Hängt eure Zeichnungen im Klassenraum auf.*

Eine weiterführende Arbeitsaufgabe könnte folgendermaßen lauten:

❒ *Hätte der lange Krieg um Troja, bei dem es nicht wie bei vielen heutigen Kriegen um Macht und Geld, sondern um eine Frau und die Familienehre ging, an dieser Stelle schon beendet sein können, wenn die Götter, insbesondere Aphrodite, sich nicht eingemischt hätten? Diskutiert.*

Die verschiedenen Argumente können in Form einer Pro-und-Contra-Tabelle an der Tafel festgehalten werden.

Pro (Krieg wäre beendet)	Contra (Krieg würde weitergehen)
– Die Troer hätten Helena, wie abgemacht, herausgegeben.	– Weil Helena so schön ist, hätten die Troer sich nicht an die Abmachung gehalten und sie für sich behalten.
– Die Griechen hätten im Falle einer Niederlage von Menelaos den Krieg beendet und Helena aufgegeben. Sie waren durch die langen Kriegsjahre des Kampfes überdrüssig.	– Die Griechen hätten trotz Niederlage dieses Kampfes und entgegen der Abmachung weitergekämpft, bis sie Helena zurückerhalten hätten.
– Das Wort gilt. Den übrigen Griechen kann es egal sein, ob Helena zurückkommt oder nicht. Menelaos und Paris, die beiden Kontrahenten, haben selbst entschieden.	– Helena hätte nicht wieder zurück zu den Griechen und zu ihrem Mann Menelaos gewollt.

In einem weiteren Unterrichtsschritt sollen sich die Schülerinnen und Schüler noch einmal die Abbildung auf Arbeitsblatt 19 ansehen. Ergänzend dazu sollen die Seiten 60–69 aus der Textausgabe gelesen werden.

❐ *Lest die Seiten 60–69 sorgfältig durch. Entwickelt anschließend ein Schaubild, aus dem hervorgeht, welche Personen jeweils gegeneinander kämpfen und wer im Kampf umkommt. Ihr könnt auch die Abbildung auf dem Arbeitsblatt 19 zuhilfe nehmen.*

Notizen

_____

_____

_____

_____

_____

_____

_____

_____

_____

_____

_____

_____

Der Trojanische Krieg

Das Schaubild zeigt die Parteinahme der olympischen Götter und Göttinnen im Trojanischen Krieg.

Auf einer Hochzeit, zu der viele Götter eingeladen waren, erschien plötzlich die nicht eingeladene Göttin der Zwietracht, Eris. Diese warf voller Zorn einen goldenen Apfel unter die Hochzeitsgäste und rief: „Für die Schönste!" Daraufhin entbrannte unter den Göttinnen ein heftiger Streit. Drei Göttinnen beanspruchten den Schönheitspreis für sich: Athene, die Göttin der Klugheit, Hera, die Himmelskönigin und Gemahlin des Zeus, und Aphrodite, die Göttin der Liebe und Schönheit. Der Streit zwischen den drei Kontrahentinnen hielt so lange an, bis Zeus, der Göttervater, Paris, dem Sohn des Königs von Troja, die Entscheidung auferlegte. Jede der Göttinnen versuchte nun, Paris für sich zu gewinnen. Hera versprach ihm alle Macht der Welt, Athene versprach ihm Ruhm und Ehre und Aphrodite versprach ihm die schönste Frau der Welt. Da entschied Paris sich für die Göttin der Liebe und der Schönheit. Als Dank dafür führte Aphrodite Paris nach Sparta an den Hof des Königs Menelaos. Als Paris die Gemahlin des Königs, die schöne Helena, sah, wusste er, dass die schönste Frau der Welt vor ihm stand. Er entführte sie und brachte sie nach Troja auf die Burg seines Vaters. Vergeblich forderte Menelaos seine Frau zurück, bis er seinen Bruder Agamemnon, den König von Mykene, um Hilfe bat. Dieser rief alle Griechen zum Kampf gegen Troja auf, wodurch der zehn Jahre andauernde Krieg um diese Stadt begann.

❒ *Lies den Text sorgfältig durch. Welche Götter und Menschen, die darin genannt werden, findest du in der Abbildung wieder?*

❒ *Schreibe für deinen Tischnachbarn oder deine Tischnachbarin fünf Fragen auf, die mit dem Text beantwortet werden können, z.B.: Wer war die Göttin der Klugheit? Könnt ihr die fünf Fragen eures Tischnachbarn oder eurer Tischnachbarin aus dem Kopf beantworten?*

68

EinFach Deutsch: Unterrichtsmodell Antike Sagen © Schöningh Verlag 2004

Götter und Helden des Trojanischen Krieges

1. Agamemnon ist der König von… _____

2. Die Angetraute des Zeus heißt… _____

3. Die Göttin der Zwietracht ist… _____

4. Sie ist die Göttin der Klugheit... _____

5. Der Bruder von Menelaos heißt… _____

6. Er spricht oft das Machtwort unter den Göttern... _____

7. Der Spartanerkönig heißt... _____

8. Sie ist die Göttin der Liebe... _____

9. Ihn wählt man als Schiedsrichter… _____

10. Er ist der Vater des Schiedsrichters... _____

11. Um diese Stadt wird zehn Jahre gekämpft… _____

12. Sie ist die Frau, die die Ursache des Krieges ist… _____

❒ *Mithilfe von Arbeitsblatt 21 hast du die Vorgeschichte des Trojanischen Krieges kennengelernt. Hast du alles behalten? Dann beantworte die Fragen. Natürlich könnt ihr mit eurem Nachbarn oder eurer Nachbarin zusammenarbeiten.*

EinFach Deutsch Unterrichtsmodell Antike Sagen © Schöningh Verlag 2004

Die Sagen um Troja

1. Was meint ihr: Sind die Griechen am Ende gerecht bestraft worden?
   Lies noch einmal in der Textausgabe S. 76–78 nach.

   _____

   _____

   _____

2. Stellt einige Eigenschaften der Griechen und Troer in Stichworten gegenüber. Nehmt das Buch zur
   Hilfe (TA, S. 71–75).

Griechen	Troer

3. Welche Partei ist euch sympathischer: die der Griechen oder die der Troer? Begründet.

   _____

   _____

   _____

4. Überlegt noch einmal: Welche Personen haben Folgendes gesagt?

   a) „… und dann bemächtigen wir uns der arglosen Stadt." _____

   b) „Paris, der Sohn des Königs von Troja, soll entscheiden." _____

   c) „Oh, oh, oh, nie darf ich elender Ausgestoßener in die Heimat und zu den Meinigen zurückkeh-

   ren." _____

   d) „Mitbürger, trauet dem Tiere nicht!" _____

   e) „… nach dieser Nacht wandern wir alle die Straßen zum Hades hinunter." _____

   f) „Dein Fehltritt soll dir verziehen sein!" _____

   g) „Hüter der Gerechtigkeit, ich erinnere dich an die Verbrechen, die die Griechen in Troja begangen

   haben,…" _____

EinFach Deutsch: Unterrichtsmodell: Antike Sagen © Schöningh Verlag 2004

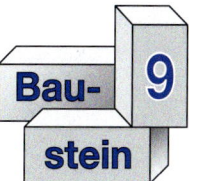

Bau-stein 9 *Odysseus*

9.1 ⊓ Autor und Werkgeschichte

Der folgende Baustein nimmt das zweite Epos Homers in den Blick, die „Odyssee". Zentral steht dort die handelnde Hauptfigur Odysseus. Um eine Verbindung zu den Geschehnissen der „Ilias" und damit den Sagen um Troja herzustellen, bietet sich ein reflektierender Einstieg an: Auf der Grundlage des bereits eingeführten Sagenkomplexes sollen die Folgen für die Sieger des Trojanischen Krieges thematisiert werden. Dabei kann vorbereitend auf die Textausgabe zurückgegriffen werden (TA, S. 77, Z. 3–78):

⊓ *Wie reagieren die Götter auf den Ausgang des Trojanischen Krieges? Welche Folgen hat dies für die Sieger?*

Eine Abbildung von Troja (TA, S. 77 oder 117, möglicherweise auf Folie kopiert) kann das einleitende Unterrichtsgespräch stützen. Zur Sicherung der Ergebnisse sollte ein Tafelbild erstellt werden:

Was aus den Siegern wurde ...

- Sieger treten die Rückreise in ihre Heimat an.

- Athene fragt Zeus, ob er die Griechen nicht für die begangenen Gräueltaten bestrafen wolle.

- Zeus gibt Athene den Donnerkeil.

- Athene hüllt mit diesem die Welt in Finsternis.

- Athene befiehlt einen Sturm herbei, der die Schiffe der Sieger zerstört.

- Nur wenige Griechen überleben, darunter auch Odysseus und seine Gefährten.

Im Folgenden rückt nun die Werkgeschichte in den Mittelpunkt. Die Sagen um Troja sind der wesentliche Bestandteil der Dichtung „Ilias". Die weiteren Ereignisse befinden sich im zweiten Epos, der „Odyssee".
Ein erster Einstieg in die Geschehnisse der Odyssee erfolgt anhand der inhaltlichen Auseinandersetzung mit den ersten fünf Zeilen des Werks (vgl. Arbeitsblatt 22, S. 77). Dies sollte entweder für alle Lernenden kopiert oder als Folie projiziert werden.

⊓ *In den ersten Versen der „Odyssee" beschreibt Homer, worüber er berichten wird. Worum geht es?*

Aus den einleitenden Versen geht hervor, dass ein Mann nach der Zerstörung Trojas herumgeirrt ist. Der Erzähler wendet sich dabei fragend an die Göttin der Künste und der Wissenschaften. Bei dem „Wanderer" handelt es sich um Odysseus, der sich mit seinen Gefährten auf der Heimreise nach Ithaka befindet. Aber auch er bekommt die Auswirkungen der Strafe durch Athene zu spüren und wird mit seinem Schiff jahrelang von Küste zu Küste getrieben. Zehn Jahre müssen seine Frau Penelope und sein Sohn Telemachos auf die Rückkehr des Helden warten. Eben von dieser Irrfahrt erzählt die „Odyssee". Aus dem letzten Vers geht auch der zweite Themenkomplex des Epos hervor: die Heimkehr des Odysseus. Gleichzeitig erfahren die Lernenden, in welcher Form der Text von Homer überliefert ist. Ihnen wird deutlich, dass er in griechischer Sprache verfasst ist und meist in einer Übersetzung gelesen wird. An dieser Stelle können biografische Daten und Stationen des griechischen Dichters angesprochen werden (vgl. TA, S. 103–105).

Den Schülerinnen und Schülern sind damit erste inhaltliche Grundzüge und damit auch der äußere Rahmen der Erzählung bekannt. Aus diesem Rahmen werden im Weiteren dann akzentuierende Einzelaspekte hervorgehoben.

9.2 ◻ Stationen einer Irrfahrt: Der Prozess der Überlieferung

Odysseus erlebt auf seiner Irrfahrt zahlreiche Abenteuer. Aus der insgesamt zehn Jahre andauernden Reise hebt Homer 40 Tage hervor. Damit konzentriert sich die Erzählung auf nur wenige Tage. Aus diesen sollen vier Stationen der „Odyssee" zur Veranschaulichung des abenteuerlichen Charakters dieser Erlebnisse dienen. Anschaulich vermitteln die Abenteuer bei dem Kyklopen, der Zauberin Kirke, den Sirenen und bei den Seeungeheuern eine moderne Botschaft: Gegen keine dieser mythischen Sagenfiguren hilft dem Helden allein die Anwendung von Gewalt. Odysseus muss die Probleme, die die Begegnungen mit sich bringen, durch Vernunft oder List lösen.

Zur Auseinandersetzung mit den ausgewählten Abenteuern sind unterschiedliche Verfahrensweisen möglich. Es bietet sich an, dass die Schülerinnen und Schüler die vorgestellten Stationen der Irrfahrt in einer produktiven Textarbeit kennen lernen und nacherzählen.

Zuvor sollten Grundlagen für die Erstellung einer Nacherzählung erarbeitet werden. Die Kriterien können auf vielfache Weise vermittelt werden: Im Unterrichtsgespräch oder im Lehrervortrag kann ein entsprechendes Tafelbild aus dem Arbeitsblatt 23 (S. 78) erstellt werden.

Gleichzeitig erlaubt die Form der Nacherzählung einen interessanten thematischen Zusammenhang: Die Überlieferung antiker Sagen geschah in der Form der mündlichen oder schriftlichen Nacherzählung. Die Texte der antiken Autoren wurden vor allem von Barden an den königlichen Höfen vorgesungen. Die so genannten „Homeriden" (auch „Söhne Homers" genannt) waren Sänger, die die Epen Homers in späterer Zeit überlieferten. Sie stammten vermutlich von der Insel „Chios", sahen sich als geistige Erben Homers und sorgten für die Verbreitung seiner Werke.

Die Schülerinnen und Schüler können durch die Bearbeitung der Texte in der Form der Nacherzählung den Prozess der Überlieferung eigenhändig nachvollziehen und gleichzeitig die damit verbundene Problematik durchschauen. Nacherzählungen können nicht dem ursprünglichen Wortlaut entsprechen, auch Auslassungen, Missverständnisse oder Übertreibungen können die Sage verändern. Dieser Definition zufolge wurden Sagen also umgestaltet und verändert. Somit erlangen die Lernenden einen Einblick in die kritische Sicht auf Nacherzählungen und gewinnen eine gewisse Distanz zum Text.

Die Klasse wird in vier Gruppen aufgeteilt. Jede Gruppe bearbeitet eine der vier vorgegebenen Stationen der Irrfahrt des Odysseus. Jeweils ein Schüler pro Gruppe erhält ein Arbeitsblatt, auf dem der Text der Sage abgedruckt ist (Arbeitsblätter 24–27). Dieser Schüler liest den anderen Gruppenmitgliedern die Sage vor und übernimmt so die Rolle des Erzählers bzw. Dichters. Den anderen Lernenden wird die Rolle der „Homeriden" zugewiesen, deren Aufgabe darin besteht, die Geschichten zu überliefern. Nach einigen Minuten wird die Textvorlage wieder eingesammelt. Die Schülerinnen und Schüler fertigen nun jeder (auch die vier „Dichter") eine Nacherzählung des Vorgelesenen an. Dies geschieht auf der Grundlage der Kriterien, die zuvor im Unterrichtsgespräch erarbeitet bzw. vom Lehrer präsentiert wurden (vgl. Arbeitsblatt 23). Das Arbeitsblatt 23 kann während der Gruppenarbeitsphase als Folie projiziert werden. Als weitere Hilfestellung kann das Arbeitsblatt 28 (S. 83) dienen: Es erinnert die Schreiber an einige Namen und Begriffe aus der von ihnen nachzuerzählenden Sage.

Die Nacherzählungen sollten in Einzelarbeit angefertigt werden. Bei der Auswertung ist es sinnvoll, aus den vier Gruppen ausgewählte Texte vortragen zu lassen. Dabei sollte versucht werden, auf drei Ebenen auszuwerten: Die Schülerinnen und Schüler sollen die Texte inhaltlich erfassen. Sie sollen die von ihnen verfassten Erzählungen anhand der vorgegebenen Regeln (vgl. Arbeitsblatt 23) prüfen. In einem letzten Schritt wird der Prozess der Überlieferung problematisiert.

Zunächst werden mehrere Texte einer Gruppe von unterschiedlichen Schülerinnen und Schülern vorgetragen. Darauf folgen dann Fragen zum Textverständnis. Es sollte darauf geachtet werden, dass dabei möglichst die Lernenden angesprochen werden, die einer anderen Gruppe angehören und damit über keinerlei Textkenntnis verfügen. Durch dieses Vorgehen wird gesichert, dass auch die übrigen Schüler die Stationen der Irrfahrt inhaltlich aufnehmen. Im Folgenden schließen sich Bearbeitungsvorschläge in inhaltlicher Sicht an:
Zur Gruppe 1: „In der Höhle des Kyklopen"

❑ *Wie reagiert der Vater von Polyphem, Poseidon, auf die Tat von Odysseus?*

Zur Gruppe 2: „Die Zauberin Kirke"

❑ *Aus der griechischen Bezeichnung der Zauberin „Kirke" (gr. „circe") ist das Verb „bezirzen" abgeleitet. Was bedeutet der Begriff? Inwieweit trifft das Verb auf die Zauberin zu?*

Zur Gruppe 3: „Die Insel der Sirenen"

❑ *Warum werden die „Sirenen" in der Sage „Sirenen" genannt? Welche Eigenschaften hat eine „Sirene" und was bedeutet der Begriff heute?*

Zur Gruppe 4: „Skylla und Charybdis"

❑ *Ist es richtig von Odysseus, gegen die Seeungeheuer kämpfen zu wollen?*

Den Schülerinnen und Schülern ist Poseidon als Gott des Meeres bereits durch die Auseinandersetzung mit dem ersten Baustein bekannt. Sie wissen, über welche Mittel er verfügt, und werden möglicherweise selbstständig die Folgen abschätzen können: Poseidon wird Odysseus für die Tat bestrafen, indem er sein Schiff zerstört und ihn von der Heimkehr abhält. Die zweite Bearbeitungsaufgabe ermöglicht einen etymologischen Exkurs: Die Lernenden haben mit dem Abenteuer bei Kirke selbst die Möglichkeit, das Verb „bezirzen" mit Bedeutung zu füllen. Die Zauberin versucht, Odysseus zu „bezaubern", um ihn „auf verführerische Weise für sich zu gewinnen". Die Herkunft eines Begriffes wird gleichfalls durch die Sirenen thematisiert. Das aus dem Französischen „sirène" abgeleitete Wort geht auf die Eigenschaften der Sirenen in Homers Erzählung zurück: als „hell tönende und betörende Gesänge". Der Schöpfer des französischen Begriffes soll die Ereignisse der Sage als Vorbild genommen und sich auf das griechische „Seirēn" gestützt haben. Die sich daran anschließende Frage stellt dabei einen gegenwärtigen Bezug her. Der letzte Bearbeitungsvorschlag greift das eingangs vorgestellte veränderte Menschenbild in der Odyssee auf: Dort gilt nicht mehr die Kriegerethik, die in der „Ilias" vermittelt wird, sondern eine realistischere Ethik (vgl. dazu auch die TA, S. 128–132). Nicht mehr nur die rohe Gewalt führt zur Problemlösung, sondern es sind andere Mittel und Eigenschaften. Die Schülerinnen und Schüler werden erkennen, dass der Plan des Odysseus, die Seeungeheuer mit Gewalt zu besiegen, letztlich scheitert.
An diesem Punkt kann zusammenfassend die Anwendung von Gewalt in allen vier Abenteuern angesprochen werden.

❑ *Welche Rolle spielt Gewalt in den Geschichten und inwiefern ist der Held damit erfolgreich?*

Auf der zweiten Ebene der Auswertung sollte jeweils auf die grundlegenden Kriterien eingegangen werden, die die Lernenden bei der Erstellung der Nacherzählungen beachten sollten. Es empfiehlt sich, die entsprechende Auflistung (Arbeitsblatt 23) in bereits genannter Form nochmalig zu präsentieren (als Folie, Tafelbild oder Kopie). Nach jeder vorgetragenen Erzählung sollte zugleich nach erfüllten und nicht erfüllten Elementen gefragt werden. Damit können die Schülerinnen und Schüler die zugrunde liegenden Bewer-

tungskriterien kennen lernen und selbstständig eine Beurteilung vornehmen. Der Prozess der Leistungsbewertung wird für die Lernenden durchschaubar. In einem letzten Schritt (der dritten Ebene) sollte die Problematik der Überlieferung angesprochen werden. Nachdem nochmals auf die Besonderheiten der Überlieferung von Sagen hingewiesen wurde, kann ein Unterrichtsgespräch mit folgender Fragestellung eingeleitet werden:

❒ *Was unterscheidet eure Nacherzählungen von den Texten, die euch vorgelesen wurden?*

Zur Sicherung kann ein Tafelbild erstellt werden:

Die Überlieferung von Sagen

- Es gibt unterschiedliche Erzählungen, die über dieselbe Sage berichten.

- Erzählungen entsprechen nach der Überlieferung nicht mehr dem ursprünglichen Wortlaut und können somit inhaltlich verändert werden. Dies geschieht durch...
  a) Auslassungen
  b) Missverständnisse
  c) Übertreibungen

- Folge:
  Sagen verändern im Laufe der Zeit ihre Gestalt.

Die in diesem Abschnitt vorgestellten Nacherzählungen entsprechen der historischen Vorlage: Auch die Abenteuer in der Odyssee wurden in der Form der Ich-Erzählung verfasst und zeitlich in der Vergangenheit geschrieben. Da sich diese Art der Erzählung im weiteren Verlauf der Odyssee ändert, sollte dies den Lernenden verdeutlicht werden. Die Heimkehr des Helden wird im zweiten Buch von Homer aus einer anderen Erzählperspektive, von einem allwissenden Erzähler, geschildert. Die erlebten Abenteuer sind in der zeitlichen Dimension des Textes bereits vergangen. In der Erzählzeit ist die Heimkehr Gegenwart.
Um im Weiteren die Erzählungen zu sichern, kann die Textausgabe verwendet werden (S. 79–81, Z. 4). Ein Weiterlesen ab S. 81 der TA ermöglicht die Anknüpfung an den folgenden Schritt. An dieser Stelle wird geschildert, was Odysseus nach der Fahrt durch die Meerenge erlebt: Sein Schiff zerschellt, worauf der Held neun Tage an einem Balken des Schiffes geklammert ziellos im Meer umhertreibt. Am zehnten Tag wird er auf die Insel Ogygia gespült, wo er von Kalypso gefunden wird. Nachdem die Götter die Rückkehr des Odysseus beschließen, begibt er sich auf die Weiterfahrt mit einem Floß. Auch dieses wird jedoch durch den Zorn des Poseidon zerstört, worauf er an der Küste des Phäakenlandes strandet. Wie der Held von dort die Heimreise nach Ithaka antritt, wird im nun folgenden Unterrichtsschritt erarbeitet.

9.3 ❒ Die Heimkehr nach Ithaka: Stilmittel Homers

In diesem Unterrichtsschritt sollen die Schüler mit einer Übersetzung des Originaltextes der „Odyssee" konfrontiert werden. Damit erlangen sie einen Einblick in die historische Vorlage und lernen deren Merkmale kennen. Gleichzeitig soll den Lernenden ein Verständnis für unterschiedliche Erzähl-Stile vermittelt und der spezielle Stil Homers nahe gebracht werden. Grundlage der Erarbeitung ist an dieser Stelle ein Ausschnitt aus dem Originaltext (Arbeitsblatt 29, S. 84). In diesem wird der Weg der Rückkehr mit der Hilfe der Phäaken geschildert.
Die Schülerinnen und Schüler sollen den gekürzten Ausschnitt der „Odyssee" in der Übersetzung von Voß mit der Nacherzählung der Textausgabe vergleichen. Inhaltlich spiegelt

sich der Textauszug im Kapitel *„Die Heimkehr nach Ithaka"* wider. In diesem Vergleich können die wesentlichen Unterschiede zwischen der Nacherzählung und dem Originaltext erarbeitet werden. Der Vergleich kann durch folgende Arbeitsaufgabe eingeleitet werden:

❏ *Der Text von Homer ist schwer verständlich. Vergleicht ihn mit der Nacherzählung in eurer Textausgabe (S. 86, Z. 16–Z. 28). Was unterscheidet die beiden Texte voneinander?*

Dabei werden die Lernenden recht schnell die elementaren Unterschiede erkennen: Der Originaltext ist in Versform geschrieben und ähnelt einem Gedicht, dem allerdings ein Reimschema fehlt. Die Nacherzählung ist in einer modernen und verständlichen Sprache verfasst und weist eine erzähltypische Form auf. Nachdem die Schülerinnen und Schüler dieses erkannt haben, kann der Begriff des „Epos" definiert werden. Bei einem Epos handelt es sich um einen Roman, der in Gedichtform verfasst ist. Begrifflich wird das Epos mit einer „Sage", „das Berichtete" oder „das Gesagte", gleichgesetzt.

Der Stil Homers ist gekennzeichnet durch zahlreiche schmückende Attribute. In der ersten Aufgabe (vgl. Arbeitsblatt 29, S. 84) sollen diese Beifügungen von den Schülerinnen und Schülern erarbeitet werden. Möglicherweise können bereits vorhandene grammatikalische Grundbegriffe wieder aufgegriffen oder in Erinnerung gerufen werden. Den Lernenden wird die Anzahl der von Homer verwendeten Adjektive und Adverbien ungewöhnlich vorkommen und somit als charakteristisches Stilelement Homers vermittelt. Zu den Stilmitteln des Autors gehört zudem die Verwendung von Vergleichen. In dem vorliegenden Textausschnitt sind insgesamt drei auffindbar: Das Schiff vergleicht Homer mit einem Pferdegespann und die Geschwindigkeit des Schiffes mit der eines Habichtes. Odysseus wird einem Gott gleichgesetzt. Dieses technische Element sollen die Lernenden anhand der zweiten Bearbeitungsaufgabe erkennen. In einem Tafelbild werden die Ergebnisse zusammengefasst:

Stilmittel Homers

- ausschmückende Formulierungen wie z.B.
  a) Adjektive („schöne purpurne")
  b) Adverbien („östlich", „stürmend")
  c) verkürzte Nebensätze („an Weisheit ähnlich den Göttern")

- Vergleiche:
  a) Schiff – Pferdegespann
  b) Geschwindigkeit des Schiffes – Habicht
  c) Odysseus – Götter

Nachdem somit die wesentlichen Stilelemente erarbeitet wurden, kann nun auf dessen Wirkung eingegangen werden (Arbeitsaufgabe 3). Durch die verhältnismäßig hohe Anzahl an Attributen und Vergleichen wirkt die Erzählung anschaulich und plastisch. An dieser Stelle wird auch die veränderte Erzählperspektive deutlich: Die Geschehnisse werden von einem allwissenden Erzähler geschildert.

Der letzte Schritt soll die Stilelemente Homers vertiefen: Die Schülerinnen und Schüler transformieren die antike Textvorlage in eine moderne Sprache. Dabei soll der erarbeitete Stil Homers selbstständig nachvollzogen werden. Aus diesem Grund wird in der letzten Bearbeitungsaufgabe angegeben, Attribute und Vergleiche einzubeziehen (Arbeitsaufgabe 4). Gleichzeitig können die zuvor erlangten Kenntnisse über die Verfassung einer Nacherzählung gesichert werden.

Die folgende Aufgabe führt den Gang der Handlung weiter:

❏ *Nachdem Odysseus aus dem Schlaf erwachte, erkannte er sein Vaterland nicht wieder. Während er sich auf der abenteuerlichen Irrfahrt befand, war einiges passiert. Plötzlich erschien ihm die Göttin Athene und berichtete Odysseus, was in seiner Abwesenheit in*

Ithaka geschah. Lies in der Textausgabe (S. 81, Z. 27–S. 82, Z. 24) nach, was Athene dem Heimkehrer möglicherweise erzählte. Schreibe einen Dialog zwischen der Göttin und Odysseus.

Der Dialog zeigt ein weiteres stilistisches Mittel der Odyssee auf: Ein großer Teil der Darstellung Homers ist in der direkten Rede geschrieben. Dadurch berichten die handelnden Personen selbst von ihren Motiven und Entwicklungen. Auch die seelischen Vorgänge der Akteure werden von ihnen selbst mitgeteilt. Das Tafelbild kann zu einem späteren Zeitpunkt ergänzt werden: Verwendung der direkten Rede.

9.4 ❑ Die Sagenfigur Odysseus und der Wandel eines Weltbildes

In der die Arbeit am Baustein 9 abschließenden Sequenz stehen zusammenfassende Aspekte im Vordergrund. Anhand der bekannten Erzählungen der Odyssee gilt es zunächst, eine Charakterisierung der Sagenfigur vorzunehmen. Grundlage ist das Arbeitsblatt 30 (S. 88). In der ersten Arbeitsaufgabe wählen die Schülerinnen und Schüler zunächst Eigenschaften aus, die sie Odysseus zusprechen. Auch der folgende Schritt, in dem charakterliche Züge gewählt werden, die nicht auf die Person des Odysseus passen, soll begründet werden.

Darauf folgt dann eine Personenbeschreibung, die auf der Grundlage der Textausgabe in einer Gestaltungsaufgabe erstellt wird.

❑ *Wie stellst du dir Odysseus vor, wie sieht die Sagenfigur möglicherweise aus? Nimm dabei das Kapitel „Odysseus – das Psychogramm eines neuen Menschen" in der Textausgabe (S. 128–132) zur Hilfe. Male ein Bild.*

In der „Odyssee" wandelte sich das Weltbild. Galt in der „Ilias" noch der Krieger als Ideal, der sich – einem Oberbefehl ergeben – den Weisungen fügen musste, so findet sich in der Person des Odysseus nun ein anderes Menschenbild: Er kann selbst über seine Person und sein Handeln verfügen, wird zum Individuum.

❑ *Wird die Sagenfigur Odysseus in der „Ilias" (in den Sagen um Troja) anders dargestellt als in der „Odyssee"?*

Abschließend wird in der Textausgabe das Kapitel „Odysseus" mit dem letzten Teil („Die Heimkehr nach Ithaka", S. 86, Z. 29–S. 89) gelesen. Die zuvor erarbeiteten Charakterzüge werden in diesem Teil einer erneuten Prüfung unterzogen. Ein Impuls zur Erarbeitung kann durch folgende Fragestellung gegeben werden:

❑ *Spiegeln sich die dem Odysseus zugeschriebenen Eigenschaften auch in seiner Handlungsweise bei seiner Rückkehr nach Ithaka wider?*

Im ersten Epos liest der Rezipient von einer Welt des Krieges und Kampfes. Die „Odyssee" stellt dem jedoch ein eher friedliches Weltbild gegenüber. Um diesen Punkt anzusprechen, kann ein Unterrichtsgespräch mit folgender Fragestellung eingeleitet werden:

❑ *Welche Rolle spielt der Krieg in der „Ilias" und welche in der „Odyssee"?*

Notizen

_____

_____

_____

_____

Aus Homers „Odyssee", 1. Gesang

ΟΔΥΣΣΕΙΑΣ Α

Ἄνδρα μοι ἔννεπε, Μοῦσα, πολύτροπον, ὃς μάλα πολλὰ
πλάγχθη, ἐπεὶ Τροίης ἱερὸν πτολίεθρον ἔπερσε·
πολλῶν δ' ἀνθρώπων ἴδεν ἄστεα καὶ νόον ἔγνω,
πολλὰ δ' ὅ γ' ἐν πόντῳ πάθεν ἄλγεα ὃν κατὰ θυμόν,
ἀρνύμενος ἥν τε ψυχὴν καὶ νόστον ἑταίρων.

„Sage mir, Muse, die Taten des viel gewanderten Mannes
Welcher so weit geirrt nach der heiligen Troja Zerstörung,
Vieler Menschen Städte gesehn und Sitte gelernt hat
Und auf dem Meere so viel unnennbare Leiden erduldet,
Seine Seele zu retten und seiner Freunde Zurückkunft."

Aus: Homer: Ilias. Odyssee. Übersetzt von Johann Heinrich Voß. München: Deutscher Taschenbuchverlag 2002, S. 441

EinFach Deutsch Unterrichtsmodell: Antike Sagen © Schöningh Verlag 2004

Nacherzählung

Was du bei einer Nacherzählung beachten musst...

○ Höre gut zu, wenn die Geschichte vorgelesen wird. Schreibe dir Stichpunkte zu wichtigen Ereignissen auf.

○ Erzähle die Sage in deinen eigenen Worten nach.

○ Deine Nacherzählung soll lebhaft und anschaulich sein, deshalb:

○ Beachte den Stil der Textvorlage und vermeide bei der Wiedergabe alltagssprachliche Wendungen.

○ Vermeide Wiederholungen und Reihungen (wie z.B. „Und dann... Dann... Und dann...").

○ Verwende ausschmückende Formulierungen, z.B. Adjektive, Adverbien und Vergleiche.

○ Benutze die direkte Rede.

○ Schreibe in der Zeit der Textvorlage.

Einfach Deutsch: Unterrichtsmodell: Antike Sagen © Schöningh Verlag 2004

In der Höhle des Kyklopen

Als wir am Strand ankamen, erkannten wir in der Ferne eine riesige Höhle. Wohnte in der mysteri-ösen Höhle irgendwer? Mit zwölf meiner tapfersten Freunde begab ich mich auf das Festland, um die
5 Gegend zu erkunden. Die übrigen Gefährten wies ich an, am Strand zu bleiben und das Schiff zu bewachen. In der Höhle angekommen, sah es so aus, als ob dort jemand wohne: Der Bewohner schien jedoch nicht anwesend – stattdessen trafen
10 wir auf Ziegen und Lämmer, die in kleinen Gehegen in der Höhle eingesperrt waren. Körbe voll Käse füllten den hinteren Bereich der Höhle. Meinen Freunden wurde die Situation langsam unheimlich. Alle Dinge in der Höhle waren außergewöhnlich
15 groß: ein riesiger Becher, ein gewaltiger Stuhl stand vor einem ebenso hohem Tisch. Bei der Person, die dort wohnte, schien es sich um einen Riesen zu handeln. Meine Begleiter schlugen vor, die ein-gesperrten Tiere zu befreien und sich schleunigst
20 auf den Rückweg zum Schiff zu begeben. Ich wollte jedoch wissen, wer der Bewohner war. „Er ist be-stimmt ein gastfreundlicher Mensch und wird uns herzlich empfangen", sagte ich. Es war ein Fehler, nicht auf den Rat meiner Freunde zu hören...
25 Plötzlich wurden wir durch einen gewaltigen Don-nerschlag aufgeschreckt. Im vorderen Bereich der Höhle flogen riesige Stücke Holz und schlugen mit einem lauten Knall auf den Boden der Höhle auf. Und nun erkannten wir in der Ferne den Bewohner
30 und erschraken sehr: Es war ein Riese, er glich einem gewaltigen Gebirge, hatte aber nur ein ein-ziges Auge in seinem Gesicht – ein Kyklop. Sein Name war Polyphem. Dieser hatte Brennholz ge-holt und es in der Höhle fallen gelassen. Wir flüch-
35 teten in die hinterste Ecke. Dort blieben wir glück-licherweise eine Zeit lang unerkannt. Erst als Polyphem sein Abendessen zu sich nahm, sah er uns zusammengekauert im Dunkel der Höhle: „Wer seid ihr?" Uns lief ein kalter Schauer über
40 den Rücken, als wir die laute und rauhe Stimme des Ungeheuers hörten. Ich nahm meinen ganzen Mut zusammen und antwortete: „Wir sind Ge-strandete. Nimm uns freundlich auf." Polyphem jedoch tat etwas Ungeheuerliches: Er nahm zwei
45 meiner Männer mit seiner riesigen Hand und fraß sie auf. Danach legte er sich gesättigt zum Schlaf nieder. Ich überlegte die ganze Nacht, wie wir das Ungeheuer besiegen konnten. Eine Flucht war un-möglich, da er die Höhle durch einen riesigen
50 Felsblock verschlossen hatte.

Am nächsten Morgen verließ der Riese die Höhle, um die Tiere auf die Weide zu führen. Zuvor hatte er wiederum zwei meiner Freunde zum Frühstück verspeist. Wir nutzten seine Abwesenheit, um Vorbereitungen für meinen Plan zu treffen: Aus 55 einer herumliegenden Keule arbeiteten wir einen spitzen Pfahl. Diesen versteckten wir unter dem Mist, der in der ganzen Höhle verstreut war. Po-lyphem kam abends zurück und nahm sich erneut zwei meiner Freunde zum Mahl. Ich trat zu ihm 60 und sagte: „Schau, wir haben ein Getränk mitge-bracht. Es schmeckt hervorragend zu mensch-lichem Fleisch." Danach goss ich ihm den Becher voll Wein, den wir zum Glück mitgenommen hat-ten. Der Riese kostete und bat um mehr. Inge- 65 samt dreimal schenkte ich ihm nach. „Ich will dir verraten, wie ich heiße: mein Name ist ‚Niemand'." Polyphem erwiderte: „Dann will ich dich, Niemand, als Letzten verspeisen, da du mir ein so köstliches Getränk brachtest." Von der Wirkung 70 des Weins überwältigt, schlief das Ungeheuer ein. Ich und meine Freunde nahmen darauf den Pfahl, erwärmten ihn im Feuer und bohrten ihn dem Riesen ins Auge. Er erwachte und schrie fürchter-lich. Seine Hilferufe hörten die weit entfernt woh- 75 nenden Kyklopen der Insel.

Sie eilten zu Polyphems Höh-le und riefen: „Polyphem, warum schreist du? Wer tut dir etwas zuleide?" Der Riese antwortete: „Nie-mand hat mir etwas zulei-de getan!" Auf diese Er-widerung gingen die anderen Riesen ver-wundert von dannen. Warum schreit er um Hilfe, wenn ihm nie-mand etwas getan hat? Polyphem taste-te sich – ohne irgen-detwas sehen zu kön-nen – zum Eingang, nahm den Stein von der Pforte und setzte sich. So konnten ich und meine Freunde dem ungeheuer-lichen Geschöpf entkommen.

Einfach Deutsch: Unterrichtsmodell: Antike Sagen © Schöningh Verlag 2004

79

80

85

90

95

100

Die Zauberin Kirke

Nachdem wir aus dem Reich der Laistrygonen geflohen waren, verschlug es uns auf eine eigenartige Insel mit Namen Aiaia. „Irgendwo muss es hier doch Menschen geben", dachte ich. Ich eilte
5 vom Schiff und bestieg einen nahen Felsen. Von dort konnte ich Rauch in der Ferne aufsteigen sehen. Ich schickte zweiundzwanzig meiner Gefährten los, um die Gegend zu erkunden. Sie machten sich auf den Weg und erreichten im Tal
10 des Gebirges ein Haus. Es war bewacht von wilden Löwen und Wölfen. Doch etwas war ungewöhnlich: Die Tiere waren zahm. Aus dem Haus erschallte eine anmutige Melodie. Eine schöne, gelockte Zauberin saß an ihrem Webstuhl und
15 sang. Meine Begleiter machten sich bemerkbar und Kirke öffnete die Tür. Sie bat die Fremden hinein. Nur Eurylochos blieb, denn er befürchtete Böses. Kirke bewirtete ihre Gäste reichlich. Doch zu den erlesenen Speisen reichte sie einen betö-
20 renden Trank. Meine Freunde tranken und es geschah etwas Furchtbares: Sie verwandelten sich in Schweine. Die Zauberin sperrte sie darauf in den Stall. Eurylochos hatte die Situation beobachtet und lief zurück zum Schiff, um mir von den
25 Geschehnissen zu berichten. Ich nahm sofort das mit Silber beschlagene Schwert, Bogen und Köcher und eilte dem Palast der grausamen Zauberin entgegen. Hermes, der Gott mit dem goldenen Stabe, kreuzte meinen Weg. Er sprach: „Du kannst
30 Kirke nicht mit dem Schwert besiegen, nimm dieses heilsame Mittel. Moly, das Zauberkraut, wird dich vor den Zauberkünsten schützen." Und das tat es auch. Die Zauberin bat mich ebenso wie meine Freunde hinein und reichte mir das vergif-
35 tete Getränk. Da staunte sie nicht schlecht: Ich nahm einen großen Schluck, doch der Zauber blieb aus. „Du musst ein Gott sein. Du bist Odysseus. Hermes kündigte dein Erscheinen an", sprach sie. Von da an schien sie wie verwandelt.

Ich hatte das Gefühl, sie hätte sich in mich ver- 40 liebt. Und so behandelte sie mich auch: Ihre Mägde schmückten das Haus, sie gab mir edle Speisen. Ich jedoch sagte ihr: „Welcher Mann würde sich den Bauch vollschlagen, bevor seine Freunde nicht gerettet sind?" Als Zeichen ihrer 45 Liebe ging sie in den Stall, nahm ihren Zauberstab und befreite meine Gefährten. Sie verpflegte mich und auch meine am Schiff verbliebenen Begleiter üppig. Und so beschlossen wir, dort zu verweilen. Wir vergaßen daraufhin die Zeit. Ein ganzes Jahr 50 verging, bis mich meine Freunde an den eigentlichen Zweck meiner Reise erinnerten: Ithaka. Ich bat Kirke, uns gehen zu lassen, und traurigen Herzens stimmte sie zu.

Bei unserer Abfahrt 55
blieb die Zauberin am
Ufer stehen. Sie hatte für diesen Anlass
ihr bestes Silber-
gewand angezo- 60
gen, einen golde-
nen Gürtel um ihre
Hüfte gebunden
und ihr Haupt mit
einem Schleier 65
bedeckt. Sie
wollte mich
vermutlich um-
stimmen, damit
ich nicht weiter- 70
reise, sondern
bei ihr bliebe.
Doch ich sch
aute auf die
offene See und 75
sah bald Aiaia
am Horizont
verschwinden.

Einfach Deutsch: Unterrichtsmodell: Antike Sagen © Schöningh Verlag 2004

Die Insel der Sirenen

Unser Schiff erreichte, vom freundlichen Wind angetrieben, die Insel der Sirenen. Die See erstrahlte durch den kristallklaren Himmel in einem bläulichen Glanz. Plötzlich war kein Hauch mehr zu
5 spüren. Meine Begleiter falteten die Segel zusammen, da ein Weiterkommen nur durch die Ruder möglich war. Die Zauberin Kirke hatte mich vor den Sirenen gewarnt: „Alle Sterblichen, die der Insel zu nahe kommen, werden durch die Sirenen
10 verzaubert. Sie singen so lieblich, dass kaum einer dem Gesang widerstehen kann. Zu seiner Frau und seinen Kindern kehrt man nicht mehr zurück."
In der Ferne konnten wir die beiden Nymphen auf einer Wiese sitzen sehen. Doch es musste etwas
15 Schreckliches mit denjenigen passiert sein, die, ihren törichten Herzen folgend, den wunderbaren Stimmen zugehört hatten. Vor den beiden Sirenen lagen verstreut menschliche Knochen und ausgetrocknete Häute. Doch die Zauberin hatte mir mit-
20 geteilt, wie man den gefährlichen Gesängen entgehen kann:
Ich nahm ein Stück Wachs und formte aus diesem kleine Kugeln. Mit dem Wachs verklebte ich die Ohren meiner
25 Gefährten, damit sie vor den Stimmen geschützt waren. Ich selbst wollte den Gesang hören, gleichzeitig aber dem drohenden Unheil entgehen. Deshalb befahl ich meinen Begleitern, mich mit
30 festen Tauen an den Mast des Schiffes zu binden. Darauf ruderten wir der Insel

der Sirenen entgegen. Von Weitem waren die Stimmen bereits zu hören: „Lenke dein Schiff herbei, du ruhmreicher Odysseus! Alle, die unseren Gesängen gelauscht haben, gingen wieder als 35 glücklichere und weisere Menschen von dannen. Komm auch du." Es war ein lieblicher Gesang, der von dieser Insel das Meer entlang schallte. Die Stimmen waren unwiderstehlich. Ich winkte meinen Freunden, sie sollten mich von den Fesseln 40 lösen. Ich musste zu ihnen. Doch sie taten, wie ich ihnen zuvor befohlen hatte: Die Ruder wurden noch kräftiger in die See geschlagen. Leiser, immer leiser verhallten die wunderschönen Stimmen über dem Horizont – so lange, bis es still wurde. 45 Nur das leise Rauschen des Wassers war noch zu vernehmen. Meine Gefährten nahmen das Wachs aus ihren Ohren und lösten die Seile, die mich an den Mastbaum fesselten. Unbeschadet waren wir so den Lockrufen der Sirenen entgangen. 50

Einfach Deutsch: Unterrichtsmodell: Antike Sagen © Schöningh Verlag 2004

Skylla und Charybdis

In der Ferne waren bereits gräulicher Dampf und eine brandende Flut zu sehen. Unser Schiff trieb diesem bedrohlichen Ort unaufhörlich entgegen. Ein dumpfes Getöse erschallte lautstark, worauf
5 meine Gefährten voller Entsetzen zusammenzuckten. Das Schiff stand still, weil keiner meiner zitternden Freunde wagte, dem drohendem Unheil entgegenzurudern. Ich versuchte, meine Begleiter zu beruhigen: „Aus der Höhle des Kyklopen
10 sind wir ohne Schaden entkommen. Durch meine Weisheit und Tugend sind wir dem Ungeheuer unversehrt entflohen. So Zeus will, wird uns dies hoffentlich auch jetzt gelingen. Vertraut auf meine Worte, wir werden auch dieses Abenteuer mei
15 stern.“ Meine Worte beruhigten sie ein wenig. Aber sie schienen zu merken, dass auch ich den bevorstehenden Ereignissen nicht ohne Bedenken gegenüberstand. Ich wies meine Gefährten an, die Ruder wieder aufzunehmen. Dem Steuer
20 mann erteilte ich den Befehl, das Schiff genau zwischen den Meeresungeheuern hindurchzulenken. Ich bewaffnete mich mit einem Speer und stellte mich auf das Vorderdeck des Schiffes. Sollte es Skyl
25 la wagen, einen meiner Freunde zu verschlingen, werde ich das Untier mit dem Speer angreifen. Wir ruderten nun auf die gefährlichen Seeungeheuer zu. Vor uns waren sie jetzt deutlich zu erkennen:
30 Skylla war ein Drache mit sechs Köpfen. Charybdis, das zweite Seeungeheuer, hatte ein großes Maul. Mit diesem verschlang es alles, was ihm zu nahe kam. Ich schaute mich um: Die Gesichter mei
35 ner Freunde waren bleich und starrten

hilflos in die Meerenge. Unser Schiff wurde durch die raue See dorthin gespült, wo wir uns genau zwischen den Seeungeheuern befanden. Beinahe hätten wir die gefährliche Stelle unbeschadet passiert. Doch jetzt geschah, was geschehen musste: 40 Plötzlich neigte Skylla den Kopf auf unser Schiff. Über mir erkannte ich nur noch die Hände und Füße meiner lieben Freunde. Sechs Männer hatte sie aus der Mitte des Schiffes erfasst und den Felsen emporgehoben. Darauf verschwanden 45 meine Begleiter im Dunkel ihrer Höhle. Wie versteinert stand ich am Bug des Schiffes, die Waffe in der Hand. Auch mein Speer hatte den Tod meiner Freunde nicht verhindern können. Gedemütigt und traurig entkamen wir der gefährlichen 50 Meerenge und den grausamen Ungeheuern. Doch sechs meiner treuesten und stärksten Freunde blieben hinter uns an diesem schrecklichen Ort zurück.

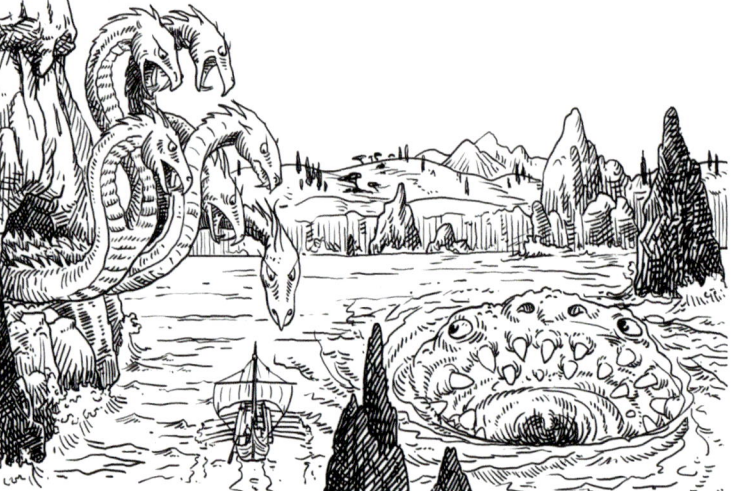

EinFach Deutsch: Unterrichtsmodell: Antike Sagen © Schöningh Verlag 2004

Die Irrfahrt des Odysseus

Zur Erinnerung für deine Nacherzählung: In den Erzählungen kommen u.a. folgende sagenhafte Personen, Dinge und Orte vor:

Gruppe 1: „In der Höhle des Kyklopen"

- *Odysseus*
- Die Gefährten des *Odysseus*
- *Kyklopen* (einäugige Riesen, auch *Zyklopen* genannt)
- *Polyphem (Kyklop,* ein Sohn des Meeresgottes *Poseidon)*

Gruppe 2: „Die Zauberin Kirke"

- *Odysseus*
- Die Gefährten des *Odysseus*
- *Eurylochos* (ein Gefährte)
- *Kirke* (Die Zauberin)
- *Hermes* (ein griechischer Gott)
- *Moly* (Zauberkraut)
- *Laistrygonen* (Giganten)
- *Aiaia* (Insel)

Gruppe 3: „Die Insel der Sirenen"

- *Odysseus*
- Die Gefährten des *Odysseus*
- *Sirenen* (Nymphen)
- Die Insel der *Sirenen* (Wohnort der *Sirenen)*
- *Kirke* (Zauberin)

Gruppe 4: „Skylla und Charybdis"

- *Odysseus*
- Die Gefährten des *Odysseus*
- *Charybdis* (Wasser speiendes Ungeheuer)
- *Skylla* (sechsköpfiger Drache)

EinFach Deutsch Unterrichtsmodell: Antike Sagen © Schöningh Verlag 2004

Aus Homers „Odyssee",
13. Gesang

(in der Übersetzung von Johann Heinrich Voß aus dem Jahr 1781)

Der König Alkinoos versprach Odysseus, ihm die Rückkehr nach Ithaka zu ermöglichen. Mit einem Schiff und einigen Männern ließ er den Gast nach Hause bringen. Von der Reise erzählt Homer:

Wie wenn auf ebener Bahn vier gleichgespannte Hengste alle zugleich hinstürzen, umschwirrt von der treibenden Geißel[1], hoch sich erhebend und hurtig zum Ziele des Laufes gelangen: also erhob sich
5 das Steuer des Schiffs, und es rollte von hinten dunkel und groß die Woge des laut aufrauschenden Meeres. Schnell und sicheren Laufes enteilten sie, selbst kein Habicht hätte sie eingeholt, der geschwindeste unter den Vögeln. Also durcheilte der schneidende Kiel die Fluten des Meeres, heimwärts tragend den Mann, an Weisheit ähnlich den Göttern. Ach! Er hatte so viel unnennbare Leiden erduldet, da er die Schlachten der Männer und tobende Fluten durchkämpfte; und nun schlief er so ruhig und
10 alle seine Leiden vergessend. Als nun östlich der Stern mit funkelndem Schimmer emporstieg, welcher das kommende Licht der Morgenröte verkündet, schwebten sie nahe der Insel im meerdurchwallenden Schiffe. […] Jene lenkten hinein, denn sie kannten den Hafen schon vormals. Siehe, da eilte das Schiff bis an die Hälfte des Kieles stürmend ans Land, so stark war der Schwung von der Ruderer Händen, und sie stiegen vom Schiffe mit zierlichen Bänken ans Ufer, hoben zuerst Odysseus vom Hinterver-
15 decke des Schiffes, samt dem leinenen Teppich und schönen purpurnen Polster, und dann legten sie ihn, wie er schlummerte, nieder im Sande.[…] Und nun fuhren sie heim. Doch Poseidon vergaß nicht seiner Drohung, die er dem göttergleichen Odysseus ehemals hatte gedroht; […]

Poseidon ließ die Phäaken die Heimreise antreten. Er begab sich jedoch bereits ins Phäakenland, um das Schiff dort zu erwarten.

20 Allda[2] harrt' er; und bald kam nahe dem Ufer das schnelle meerdurchgleitende Schiff. Da nahte sich Poseidon, schlug es mit flacher Hand, und siehe, plötzlich versteinert, wurzelt' es fest am Boden
25 des Meers. Drauf ging er von dannen.

Gekürzte Fassung aus: Homer: Ilias. Odyssee, übersetzt von Johann Heinrich Voß, München: Deutscher Taschenbuchverlag 2002, S. 615–617, Vers 81–164

1. *Markiere im Text alle ausschmückenden Formulierungen (Adjektive, Adverbien, Nebensätze etc.).*
2. *Homer ist berühmt für seine zahlreichen Vergleiche. Kannst du in dem Ausschnitt solche Vergleiche finden?*
3. *Wie wirken diese schmückenden Beifügungen und Vergleiche auf den Leser?*
4. *Schreibe die Geschichte in eine „modernisierte" Fassung um. Achte dabei darauf, dass du auch Attribute und Vergleiche in deinen Text einbaust.*

---

[1] Geißel: Peitsche
[2] Allda: dort

EinFach Deutsch: Unterrichtsmodell Antike Sagen © Schöningh Verlag 2004

Die Sagenfigur Odysseus: Charakterisierung

Du hast einige Abenteuer von Odysseus kennengelernt. Dabei hast du erfahren, wie der Sagenheld handelt, lebt und denkt. Nun sollst du den Helden charakterisieren.

treu	listig	schlau	frech	grausam
dumm	gewaltbereit	leichtsinnig	lustig	mutig
unhöflich	furchtlos	traurig	nett	intelligent

Wähle vier Eigenschaften aus, von denen du meinst, dass sie auf Odysseus zutreffen. Begründe.

Odysseus ist

..............., weil _____

..............., _____

..............., _____

..............., _____

Jetzt nenne vier Eigenschaften, die deiner Meinung nach nicht auf Odysseus zutreffen. Begründe auch diesmal.

Odysseus ist nicht

..............., denn _____

..............., _____

..............., _____

..............., _____

Einfach Deutsch Unterrichtsmodell: Antike Sagen © Schöningh Verlag 2004

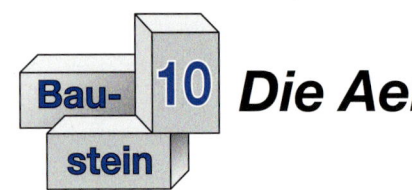

Bau-stein 10 *Die Aeneis*

10.1 ◰ Autor und Werkgeschichte

Vergil, mit vollem lateinischen Namen PUBLIUS VERGILIUS MARO, wurde am 15. Oktober 70 v. Chr. in Andes (Pietole) bei Mantua geboren und starb am 21. September 19 v. Chr. in Brundisium (Brindisi). Damit fällt sein Leben in die Zeit der späten römischen Republik und des Gaius Julius Caesar, der im Jahr 44 v. Chr. ermordet wurde, sowie in die anschließenden Kämpfe um seine Nachfolge und schließlich in die Regierungszeit des ersten Kaisers Augustus (27 v.–14 n. Chr.). Vor diesem Hintergrund verfasste Vergil seine Aeneis, die im ersten Gesang (Verse 254–296) die Verheißung der Gründung eines Königsgeschlechts in Italien enthält. Aus diesem soll demnach dann die Weltmacht Rom mit den Herrschern Julius Caesar und Augustus („der das goldene Alter wieder nach Latium bringt", Aeneis VI, 790ff.) hervorgehen. Hieraus ließ sich der römische Anspruch auf Weltherrschaft ebenso als göttlicher Auftrag ableiten wie die Herrschaft Caesars und Augustus'.

Die Legende von Äneas entstand im 5. Jahrhundert v. Chr., nachdem sich die Gegend um Rom (Latium) von der etruskischen Herrschaft befreien konnte (ca. 510 v. Chr.). Bereits um 200 v. Chr. wurde sie von Gnaeus Naevius, der auch die Episode mit Dido einfügte, besungen. In dieser Zeit kämpfte Rom gegen Karthago in den Punischen Kriegen (264–41, 218–01).

Vergils Epos von Äneas ist eine Nachahmung der Ilias und der Odyssee Homers, jedoch in umgekehrter Reihenfolge: Die Bücher 1–6 der Aeneis schildern die Odyssee des Äneas, die Bücher 7–12 den Kampf um Italien zwischen Äneas und Turnus (= Ilias). Die Verheißung ewiger Herrschaft für Äneas' Nachkommen findet sich bereits bei Homer (Ilias, 20, 293–308).

Vergils Werk wurde seit dem 1. Jahrhundert in den Schulen gelesen, im Mittelalter wurde es von Franzosen (Roman d'Eneas) und Deutschen (Heinrich von Veldeke) bearbeitet, Dante wird in seiner Divina Comedia (1321) von Vergil durch Hölle und Fegefeuer geführt. In der Neuzeit trat Veldekes Äneas jedoch zunehmend hinter das „Original" Homers zurück.

10.2 ◰ Äneas und Italien – Die Verheißung (TA, S. 90)

In diesem Teil sollen die Schüler den Zusammenhang zwischen der Prophezeiung und der späteren Wirklichkeit erfassen, indem sie sich mit der Funktion der Prophezeiungen als Legitimation und Erklärung für die Zustände der Gegenwart beschäftigen.

Das Arbeitsblatt 31 (S. 91) bietet einen Einstieg in die Thematik der Wirkungsgeschichte durch die Beschäftigung mit dem zentralen Satz der „Äneis", in dem die „Aufgabe" des Römischen Reiches formuliert wird.

Vergil mit den Musen Klio und Melpome (Mosaik aus Susa)

Die Verheißung, die Äneas in Delos erhält, beschreibt die zukünftige Gründung des Römischen Reiches. Als Vergil sie in seiner Äneis niederschrieb, waren diese Ereignisse bereits eingetreten.

Für vieles, was wir heute kennen, gibt es Sagen, die zu erklären versuchen, wie etwas entstanden ist (ätiologische Sagen). Dies gilt zum Beispiel auch für andere Städte als Rom. Die heutigen Städte und Dörfer sind in verschiedenen Zeiten und aus unterschiedlichen Gründen entstanden, einige gibt es schon seit den Römern, wie Augsburg, Trier oder Köln (Köln kommt vom lateinischen Wort *Colonia)*, bei anderen gibt uns der Name der Stadt den Hinweis auf einen Herrscher, der sie wahrscheinlich gegründet hat, wie z.B. bei Friedrichshafen, Karlsruhe oder eben Rom (von Romulus). Viele Städte haben ihre Namen natürlich auch von wichtigen Waren oder Industrien, die es dort gab, wie Bad Salzuflen oder Eisenhüttenstadt, oder von ihrer Lage, z.B. an wichtigen Flussübergängen (Innsbruck, Frankfurt).

Diese Aspekte werden im folgenden Arbeitsblatt 32 (S. 92) behandelt, bei dem die Schüler den Städtenamen die passende Erklärung zuordnen sollen. Diese Aufgabe dient als Einstieg in die Thematik der Gründungssagen, die dann, bezogen auf die jeweilige eigene Heimatstadt, vertieft wird. Dabei können die Schüler diese recherchieren oder eine eigene erfundene Sage formulieren.

Lösungen zu Arbeitsblatt 32:

Freiburg	Wurde 1457 gegründet und war freie Reichsstadt
Wiesbaden	Hier gab es bereits im 1. Jahrhundert Thermen (römische Siedlung Aquae Mattiacae), auch später als Kur- und Badeort bekannt.
Koblenz	Verballhornung des lateinischen Wortes „confluentes".
Karlsruhe	Wurde 1717 durch Markgraf Karl Wilhelm von Baden-Durlach neu gegründet, nachdem die vorherige Siedlung Durlach 1689 zerstört worden war.
Regensburg	Liegt an der Mündung des Flusses Regen in die Donau
Wilhelmshaven	Entstanden als preußischer Kriegshafen 1856, benannt nach dem preußischen König (ab 1861) Wilhelm, der 1871 als Wilhelm I. deutscher Kaiser wurde.
Paderborn	In der Stadt entspringt das Flüsschen Pader, deren Quellen sich über das ganze Stadtgebiet verteilen.
Düsseldorf	Benannt nach dem Fluss Düssel, der bei Wuppertal entspringt, dann am Neandertal vorbei fließt und bei Düsseldorf in den Rhein mündet.
Münster	Ein Münster ist eine große Kirche, heute oft die Hauptkirche eines Bistums (Münster ab dem 9. Jahrhundert), das Wort kommt vom Lateinischen „Monasterium" (Kloster).
Stralsund	Benannt nach dem Meeresarm zwischen Rügen und dem Festland (Strelasund).

10.3 ☐ Äneas und Dido – Flucht und Liebe (TA, S. 91f.)

In diesem Teil des Bausteins soll die Beziehung von Äneas und Dido thematisiert werden. Hierzu werden die Probleme bei der Ankunft in Karthago, die sich aus Äneas' Situation (Flüchtling) und der Liebe Didos zu ihm ergeben, behandelt. Dabei soll ein Vergleich zur Lage heutiger Flüchtlinge gezogen und die Reaktion Didos auf Äneas' Abreise (Selbstmord) problematisiert werden.

Falls vorher bereits der Baustein 9 unterrichtet wurde, kann die Erzählung von Äneas' Fahrt nach Italien mit ihrem Vorbild, der „Odyssee" Homers, verglichen werden, um einen Bezug zum vorherigen Thema herzustellen.
Hierzu wird zunächst der Abschnitt in der Textausgabe gelesen.

❒ *Lest TA, S. 91–92: Wie die Flüchtlinge von ihrem Ziel abgetrieben wurden.*
   Fasst den Inhalt mit eigenen Worten zusammen.

Dieser Abschnitt bietet einen weiteren Aspekt der Verheißung: Sie hat nicht nur Bedeutung für die ferne Zukunft, also unsere Gegenwart, die sie in diesem Fall erklärt und rechtfertigt, sondern auch für die unmittelbare Zukunft des direkt Betroffenen.
Das Thema der Flucht aus der Heimat in ein fremdes Land hat auch heute nichts von seiner Aktualität eingebüßt: Vor allem aus Ländern, in denen Krieg und Armut herrschen, kommen Menschen auch zu uns, um hier eine neue Heimat zu finden. Äneas ist ebenfalls wegen des Trojanischen Krieges und der Zerstörung seiner Heimatstadt geflohen, um ein „neues Troja" (TA, S. 90, Z. 16) zu gründen. Heute gründen Flüchtlinge zwar keine neuen Städte, aber auch sie versuchen oft in der neuen Heimat ein Stück ihrer alten wieder aufzubauen (Kulturzentren, Gotteshäuser, Geschäfte); noch vor 100 Jahren wanderten auch viele Deutsche nach Amerika aus.

Aus diesen Gedanken ergeben sich Impulse für ein Unterrichtsgespräch:

❒ *Kennt ihr auch Menschen, die aus ihrer Heimat geflohen sind? Was mag sie dazu gebracht haben, dort wegzugehen?*
❒ *Welche Probleme erwarten Menschen, die in ein neues Land gehen, um dort zu leben?*
❒ *Gibt es Parallelen zu Äneas (Fluchtgrund, Probleme mit Einheimischen)?*
❒ *Wo liegen die Unterschiede (göttlicher Auftrag, Herrschaftsabsicht)?*

Möglicherweise können hierbei auch Texte über Flüchtlingsschicksale (Asylanten, Vertriebene des Zweiten Weltkrieges etc.) eingesetzt oder Betroffene (aus dem Umfeld oder aus anderen Klassen) eingeladen werden.

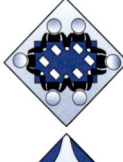

Als Äneas mit seinen Trojanern an die Küste Karthagos geworfen wird, bittet er Dido um Aufnahme als Gäste, um seine Schiffe reparieren zu können. Unter den Ratgebern und Ratgeberinnen der Königin entbrennt eine lebhafte Debatte, ob man die immerhin schwer bewaffneten Krieger aus Troja aufnehmen oder sie fortschicken soll. Die unterschiedlich gesinnten Ratgeber und Ratgeberinnen haben natürlich wiederum eigene Ratgeber, die sie für ihren Auftritt im Rat der Königin vorbereiten.

Die Klasse wird in Gruppen eingeteilt, die folgende Positionen vertreten sollen:

Exilia Patria	Sie erinnert vor allem an die eigene Vergangenheit als Flüchtige und das eigene Glück, hier eine neue Heimat gefunden zu haben.
Trixa Historia	Sie erinnert auch an die eigene Vergangenheit, jedoch daran, dass Dido die Einheimischen überlistet hat und von diesen Fremden Ähnliches zu befürchten sei.
Virtus Bruderkus	Er erinnert an die (göttlichen) Gebote der Gastfreundschaft.
Rufus Bonus	Er verweist auf mögliche Vorteile, die die Trojaner bringen könnten, z.B. Ruhm durch die berühmten Gäste, attraktive Männer, zusätzliche neue Krieger etc.
Phobius Hasenfus	Er verweist vor allem auf die Gefahr, die von den vielen fremden Kriegern ausgeht.
Revolta Fahindara	Sie verweist vor allem auf mögliche Unruhen, die die Anwesenheit der Fremden bei der Bevölkerung auslösen könnten, z.B. Diebstahl und Frauengeschichten der fremden Krieger oder die Möglichkeit, dass sich die gegenüber Dido immer noch nicht völlig loyalen Einheimischen Äneas als neuem Herrscher zuwenden.

Danach entsendet jede Gruppe ein Mitglied in den Rat der Königin. Anschließend werden die Positionen von der Königin hinterfragt, bis schließlich der Rat der Königin eventuell debattiert und dann eine Entscheidung fällt (Abstimmung). Die Königin kann hierbei von einer Schülerin oder von der Lehrerin/dem Lehrer dargestellt werden.

Das letzte Kapitel wird gemeinsam gelesen (TA, S. 92) und diskutiert. In diesem Gespräch wird der Ausweg Didos problematisiert: Selbstmord kann keine Lösung sein. In der folgenden Schreibaufgabe sollen die Schülerinnen und Schüler eine Alternative entwickeln:

❒ *Lest TA, S. 92: Wie Äneas bei Dido seinen Auftrag vergaß und wieder zu ihm zurückgeführt wurde.*
❒ *Schreibe einen Dialog, in dem Äneas zunächst unwillig ist, Dido zu verlassen, sodass Hermes genötigt ist, ihn zu überreden.*
❒ *Sucht nach anderen Lösungen für Dido.*
❒ *Greift eure eigenen oder eine der folgenden Lösungen auf und schreibt sie als Geschichte auf:*
  – *Dido wird von jemandem getröstet.*
  – *Dido sucht Hilfe bei anderen.*
  – *Dido fährt Äneas hinterher und versucht ihn umzustimmen.*

In dem die Sequenz abschließenden Teil soll die griechische „Odyssee" des Homer mit ihrer lateinischen (römischen) Parallele, der „Aeneis" des Vergil, verglichen werden. Hierfür ist die Bearbeitung des Bausteins 9 Voraussetzung.
Eine mögliche Lösung für die folgende „Aufgabe" bietet das Tafelbild, bei dem eventuell die linke Spalte vorgegeben werden kann, um die Aufgabe zu erleichtern, insbesondere wenn die Behandlung der „Odyssee" bereits einige Zeit zurückliegt.

❒ *Lies „Wie die Flüchtlinge vor ihrem Ziel abgetrieben wurden" (TA, S. 91f.).*
❒ *Welche Parallelen gibt es zwischen Homers Odyssee und Äneas' „lateinischer Odyssee"?*

Die „lateinische" und die „griechische" Odyssee im Vergleich

	Die „lateinische" Odyssee (Vergil; TA, S. 90–92)	Die „griechische" Odyssee (Homer)
Schiffbruch	Bei Karthago	Bei Ogygia, Phäakenland
Ankunft bei einer Frau	Dido	Kalypso, Circe, Nausikaa
Hilfe der Götter	Aphrodite, Apollo	Athena, Hermes
Listen	Didos List (Landnahme)	Sirenen, Polyphem, Penelope

10.4 ❒ Äneas – Ein Ritter aus Troja?

Der antike Äneas Vergils und der mittelalterliche Äneas des Heinrich von Veldeke

Die Behandlung der antiken Sagen macht für den Deutschunterricht auch deshalb Sinn, weil es in vielen späteren deutschsprachigen Werken Anspielungen auf diese Texte gibt. Daneben gibt es jedoch auch direkte Übertragungen ins Deutsche.

Heinrich von Veldeke und sein Eneas-Roman:

Heinrich von Veldeke ist einer der bekanntesten Dichter der frühen deutschen Literatur. Er lebte im 12. Jahrhundert, sein Hauptwerk, der Eneasroman, entstand zwischen 1170 und 1190 und basiert auf einer anonymen französischen Vorlage (Roman d'Eneas, ca. 1160). Bei Heinrich von Veldeke steht die höfische Liebe, die Minne, im Vordergrund, nicht wie bei Vergil der Kampf. Der Handlungsverlauf ähnelt grob dem der „Aeneis" Vergils.

Dido, in Äneas verliebt, geht auf die Jagd:

Ein Auszug aus einem mittelalterlichen Heldenepos bietet für die Schüler die Möglichkeit, den oben skizzierten wirkungsgeschichtlichen Zusammenhang zu entdecken und darüber hinaus die Andersartigkeit der deutschen Sprache in vergangenen Zeiten zu erfahren. Zunächst einmal wird also nur der mittelhochdeutsche Text an die Schüler verteilt (Arbeitsblatt 33a, S. 93), gegebenenfalls kann die Lehrperson die ersten Zeilen übertragen, um den Schülern ein Gefühl für die Sprache zu geben und um den Text inhaltlich einzuordnen. Zudem sollten Vokabeln aus dem Glossar mitgegeben werden. Den Schülern sollten dabei nur jeweils kurze Textabschnitte zugeteilt werden.

Danach wird der neuhochdeutsche Text (Arbeitsblatt 33b, S. 94) ausgeteilt.

Anschließend können die Unterschiede zwischen der antiken und der mittelalterlichen Bearbeitung der Sage von Äneas in einem Unterrichtsgespräch besprochen werden. Die Ergebnisse sollten in einem Tafelbild festgehalten werden. Als Impuls kann folgende Fragestellung dienen:

❏ *Fallen euch in dieser Beschreibung Dinge auf, die typisch für das Mittelalter sein könnten?*

Spuren des Mittelalters im Textauszug

Mittelalter: Heinrich von Veldeke
⇒ Er erzählt 1000 Jahre später die antike Sage von Äneas nach.

⇒ Er bringt dabei Besonderheiten seiner Zeit in die Erzählung ein:
– Jagd
– Jagdgesellschaft
– Jagdhunde
– Ritterliches Benehmen: beim Aufsitzen helfen

– Reiter, Pferde
– Pelzmäntel, Kleidung
– Ritterliches Gefolge

Heinrich von Veldeke hat die Handlung des antiken Epos von Vergil in seine Zeit übertragen, weil sich die Menschen gar keine andere Kultur vorstellen konnten als ihre eigene. Es gab weder Geschichtsbücher noch Fernsehen. In leistungsstarken und interessierten Gruppen kann die folgende Aufgabe den oben erarbeiteten Aspekt der Tradierung und Veränderung eines literarischen Stoffes noch einmal verdeutlichen.

❏ *Sucht euch in einer Gruppe eine Zeit aus, in die ihr die Handlung der Episode (TA, S. 92) versetzen wollt, und schreibt dazu eine Geschichte, studiert eine kurze szenische Darstellung ein oder zeichnet einen Comic. Dabei helfen euch vielleicht folgende Fragen:*
– Warum kommt „Äneas" zu „Dido"?
– Wer sind beide?
– Warum verliebt sich Dido in Äneas?
– Wie versucht sie, ihn kennen zu lernen und ihm ihre Liebe zu gestehen?

Gegebenenfalls können noch folgende Aufgaben die Erarbeitung abschließen:

❏ *Malt ein Bild von Dido nach der Beschreibung aus dem Eneas-Roman.*
❏ *Am Abend unterhalten sich zwei Jagdhelfer über den vergangenen Tag. Schreibt zu zweit einen Dialog der beiden, in dem sie über Dido und Äneas und mögliche Ereignisse auf der Jagd sprechen.*

Der Auftrag an die Römer

Aufgaben:

❏ *Lest den Text auf Seite 90 eurer Textausgabe.*

❏ *Lest die Zeilen 30–32 noch einmal: Überlegt, was ihr, z.B. aus dem Geschichtsunterricht, über das Römische Reich wisst. Schreibt die Dinge, die euch einfallen, in den Kasten:*

> „Rom wird die trotzigen Völker des Erdkreises bändigen, sie in einem Reich vereinigen und ihnen Gesetz und Ordnung geben"… (TA, S. 90, Z. 30–32)

Karte des Imperium Romanum 44 v. Chr.

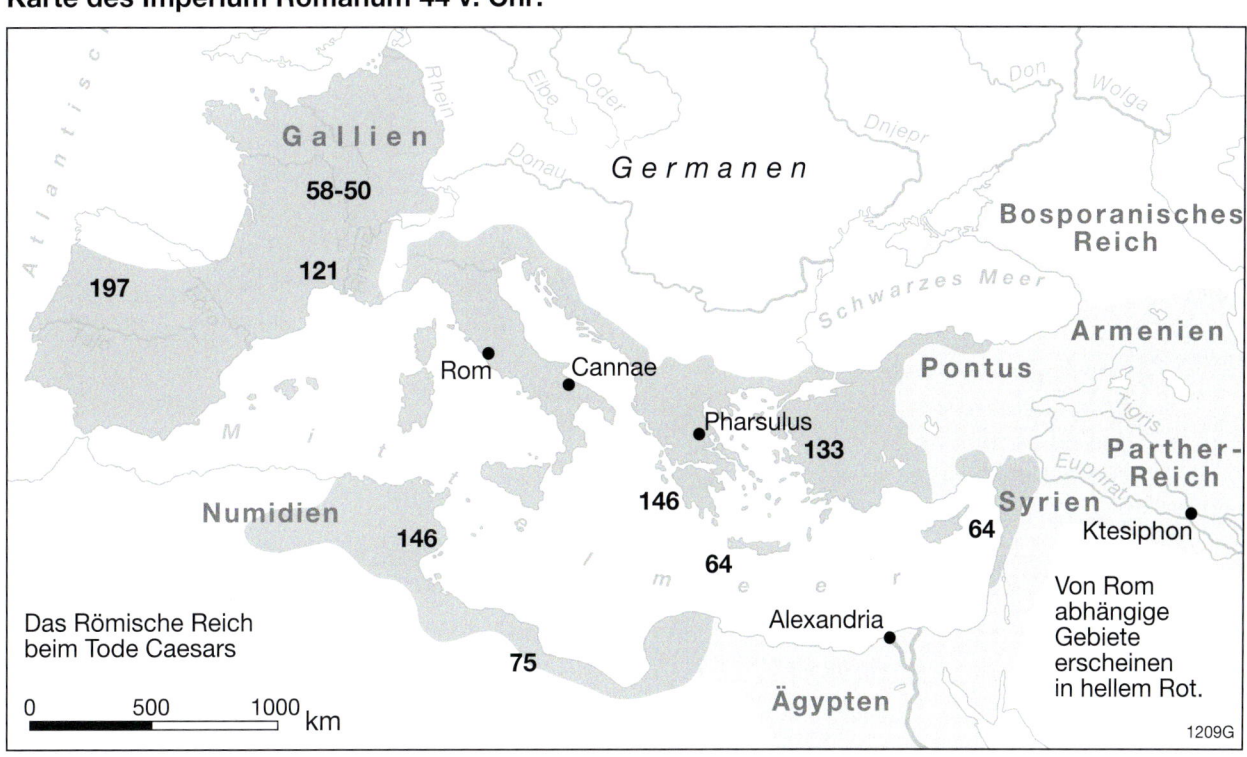

Das Reich des Augustus

Einfach Deutsch: Unterrichtsmodell Antike Sagen © Schöningh Verlag 2004

Woher haben Städte ihre Namen?

❒ *Woher kommen wohl die Namen dieser Städte? Ordnet die Erklärungen den Ortsnamen zu. Vielleicht helfen euch dabei Atlas, Lexikon, Internet etc.*

❒ *Woher haben eure Heimatstädte und -dörfer ihre Namen und warum wurden sie gegründet?*

❒ *Schreibe eine Sage über die Gründung deiner Heimatstadt oder deines Heimatdorfes. Dabei solltest du folgende Fragen beachten: Wann war die Gründung? Wer waren die Gründer und woher kamen sie? Warum gründeten sie die Stadt oder das Dorf dort und woher kommt der heutige Name?*

Freiburg	
Wiesbaden	
Koblenz	
Karlsruhe	
Regensburg	
Wilhelmshaven	
Paderborn	
Düsseldorf	
Münster	
Stralsund	

① Diese Stadt ist nach einem Fluss benannt, der so klein ist, wie sie selbst es wohl auch einmal war.

② Hier stand eine Burg an der Mündung eines Flusses, von dem sie ihren Namen hat.

③ Der Name kommt vom lateinischen Wort „confluentes" (Zusammenfluss von zwei Flüssen).

④ Der Name der Stadt kommt von einem Ausdruck für eine große Kirche.

⑤ Diese Stadt war keinem Fürsten untertan.

⑥ Schon zu römischer Zeit gab es hier heilende Quellen.

⑦ Der Name kommt von einem Meeresarm.

⑧ Hier entspringt ein Fluss, der der Stadt ihren Namen gab.

⑨ Die Stadt wurde nach ihrem Neugründer benannt, der hier vielleicht begraben werden oder in Pension gehen wollte.

⑩ Die Stadt erhielt ihren Namen von einem deutschen Kaiser.

Einfach Deutsch: Unterrichtsmodell: Antike Sagen © Schöningh Verlag 2004

Auszug aus dem Eneas-Roman Heinrichs von Veldekes: (zwischen 1170–1190)

Dô quam ir daz in ir mût
daz si des wart ze rate
eines abendes spâte
ir mût truch si dar zû
5 daz si eines morgenes frû
in den walt rîten wolde
und sich banechen solde
und hôren die hunde
und korzen die stunde,
10 wandes was ir vile nôt
den meisterjageren si gebôt
si wolde rîten in den walt:
al wâre daz weter kalt,
si wolde, daz man jagete.
15 Êr ez volle tagete
des morgenes vile frû
gereite sie sich dar zû.
Dîdô diu rîche
diu was hêrliche
20 gezieret mit gewande,
daz si in deme lande
vil wol gewinnen mohte
so ir selber tohte,
daz ir aller beste gezam
25 und daz ir vil rehte quam,
mit golde und mit gesteine.
Ir hemede daz was cleine,

wîz unde wol genât
dar an was manich goltdrât.
30 Ir belliz der was hermlin
wîz unde vile gût
die kelen rôt alse ein blût;
die ermel wol ze mâzen wît
dar uffe ein grûner samît
35 nach ir lîbe wol gesniten.
Her was wol gezieret
und vil wol gezimieret
mit berlen unde borden
die dar zû gehorden.
40 Vile wol her ir gezam,
do sie in an sich genam.
Da si sich mite gorde
Daz was ein tûre borde
geworht als si wolde
45 mit silber und mit golde.
Ir mantel der was
ein samit grûne als ein gras;
diu vedere wîz hermin
daz si niht bezer mohte sîn.
50 Der Zobel brûn unde breit.
Dorch daz sie jagen reit
sone was der mantel niht lank.
Ir hâr was ir bewunden
Mit einer borden er was gût

55 Do brahte man ir einen hût
Mit grûnem samîte bezogen.
Dô si mit ir mannen
quam gegangen zu dem tore
dô vant si Ênêam devore
60 unde sîne geselleschaft.
Grôz war ir ritterschaft.
Dô sie Ênêam vant,
dô was ir vile deste baz.
her diende ir da si ûf saz.
65 Dô furde frouwe Dîdô
einen bracken vil gereht,
den enliez sie deheinen kneht
gestreichen noch gerûren,
si wolden selbe fûren.
70 Daz entet si niht dorch Nôt
Daz eine ôre was im rôt.
Daz ander swarz und der munt.
Ez was ein vil edel hunt
und was wîz alse ein harm.
75 Die den wech kunden
die wîsten nâch den hunden,
Dâ si vore giengen
des tages sie geviengen
Wildes gnûch unde vile
80 zû vil gûteme spile,
dô waren si alle ensament frô.

Lesehilfen:
^ bedeutet, dass der Vokal lang ist.
h = ch   z = s (wie in *Gras*)   iu = ü

Glossar:

banechen (Z. 7)	spazieren gehen
gereite sie sich (Z. 17)	sich bereit machen
tohte (Z. 23)	*hier:* brauchte
gezam (Z. 24)	angemessen
cleine (Z. 27)	fein, sorgfältig
gezimieret (Z. 37)	geschmückt, gerüstet
tûre (Z. 43)	teuer, knapp, sehr
vedere (Z. 48)	Pelz, Feder
deste baz (Z. 63)	weitaus besser
bracken (Z. 66)	(Jagd-)Hund
gereht (Z. 66)	bereit, geschickt
deheinen (Z. 67)	keinen, irgendeinen
gerûren (Z. 68)	anfassen, ergreifen
entet (Z. 70)	*hier:* hätte tun müssen
harm (Z. 74)	Hermelin
wîsten (Z. 76)	*hier:* folgen

Heinrich van Veldeke

☐ *Lest den mittelhochdeutschen Text und versucht, ihn in euren eigenen Worten wiederzugeben. Beachtet dabei die Hilfen im Glossar.*

EinFach Deutsch: Unterrichtsmodell: Antike Sagen © Schöningh Verlag 2004

Der Auszug in heutigem (Neuhoch-)Deutsch

Da fiel ihr ein,
einen Plan zu schmieden
eines späten Abends –
ihr Herz trieb sie dazu – :
5 nämlich am frühen Morgen
in den Wald reiten zu wollen,
um sich zu vergnügen,
die Hunde zu hören
und die Zeit zu vertreiben,
10 weil sie das sehr nötig hatte.
Sie ließ Befehl ergehen an die
        Jagdmeister,
sie wolle in den Wald reiten;
wenn es auch kalt sei,
wolle sie doch, dass gejagt
        würde.
15 Ehe es noch ganz hell war,
sehr früh am Morgen,
machte sie sich fertig.
Die mächtige Dido
war herrschaftlich
20 ausstaffiert mit Kleidung,
die sie im Land
bequem hatte erwerben können,
so, wie sie sie brauchte,
wie sie ihr aufs Beste anstand
25 und ihr durchaus zukam,
mit Gold und Edelsteinen.
Ihr Gewand war fein,
weiß und sauber genäht.
Viele Goldfäden durchzogen es.

30 Ihr Pelzkleid war aus Hermelin,
weiß und sehr kostbar,
das Kehlstück war blutrot,
die Ärmel eng,
mit grünem Samt
35 maßgeschneidert darauf.
Es war schön verziert
und prächtig geschmückt
mit Perlen und Bändern,
wie sie dazugehörten.
40 Es stand ihr sehr gut,
als sie es angelegt hatte.
Sie gürtete sich
mit einem kostbaren Gürtel,
der ihrem Wunsch gemäß
45 aus Silber und Gold
        gearbeitet war.
Ihr Mantel war
Aus grasgrünem Samt,
das Pelzfutter aus weißem
        Hermelin
(und) nicht zu übertreffen,
50 der Zobel(besatz) braun und
        breit.
Da sie zum Jagen ausritt,
war der Mantel nicht lang.
Ihr Haar war umwunden
mit einem kostbaren Band.
55 Dazu brachte man ihr einen
        Hut
aus grünem Samt.

Als sie mit ihren Leuten
zum Tor kam,
traf sie draußen auf Eneas
60 und seine (Jagd-)
        gesellschaft.
Groß war ihr ritterliches
        Gefolge.
Als sie Eneas traf,
ging es ihr gleich viel besser.
Er half ihr beim Aufsitzen.
65 Frau Dido hielt
einen gut abgerichteten
        Jagdhund an der Leine;
den ließ sie von keinem
        Menschen
streicheln oder (auch nur)
        anfassen:
Sie ganz allein wollte ihn
        führen.
70 Das hätte sie nicht tun müssen.
Er hatte ein rotes Ohr
und ein schwarzes und (eine
        schwarze) Schnauze.
Es war ein sehr edler Hund,
weiß wie ein Hermelin.
75 Die Wegkundigen
folgten den Hunden,
die vor ihnen herliefen.
An diesem Tag erlegten sie
viel Wild und (jagten) viel
80 zum reinen Vergnügen;
Sie waren alle zusammen
        guter Dinge.

Heinrich von Veldeke

❐ *Lest jetzt den Text in heutigem Deutsch. Wo unterscheidet er sich von euren Übertragungen? Welche Stellen waren im Verständnis besonders schwierig?*

EinFach Deutsch: Unterrichtsmodell: Antike Sagen © Schöningh Verlag 2004

Homer und die „Ilias"

In der „Ilias", die vordergründig nur den Kampf um Troja beschreibt, liefert Homer indirekt auch Informationen über sich und seine Zeitgenossen. Er hätte das Epos gar nicht schreiben können, hätte er nicht all
5 die Höhen und Tiefen der menschlichen Psyche gekannt, die in dem Epos von den Göttern ausgelebt werden: Liebe und Hass, Freude und Leid, Neid, Missgunst, Verzweiflung und Angst. Diese Gefühle wurden in der archaischen Zeit als beängstigend er-
10 lebt. Der Mensch handelte aus Impulsen heraus. Sicher suchte man schon lange vor Homer, der vermutlich im 8. vorchristlichen Jahrhundert lebte, nach einer Erklärung für Gefühle, die aus dem Nichts aufzutauchen schienen und den Menschen in emotionale
15 Wechselbäder stürzten. Das Besondere an der griechischen Mythologie besteht darin, dass Göttliches und Historisches gleichgesetzt wurden: Die Neigung, das göttliche Handeln in die geschichtliche Welt einzubauen, ist ein spezifischer Zug des griechischen
20 Mythos.
Homer musste den Kampf um Troja, in dem der Meeresgott Poseidon, der Kriegsgott Ares, die Liebesgöttin Aphrodite und viele andere an der Seite der Sterblichen kämpften, nicht erfinden. Er konnte zu-
25 rückgreifen auf ein uraltes Sagengut, das von Generationen von Dichtern und Sängern immer weitervermittelt wurde. Der Ursprung des Mythos liegt im Dunkel der Geschichte, aber nach der allgemeinen Meinung lebten die Götter und die Menschen schon
30 immer zusammen und nebeneinander. Die Zuständigkeiten und Beziehungen unter den Göttern waren zu Anfang allerdings nicht festgeschrieben. Jeder interpretierte sie, wie er wollte. Der Himmel war chaotisch. Und Homers Verdienst soll darin bestanden
haben, dass er Ordnung schuf. Indem er die „Ilias" 35
niederschrieb, hat er den Göttern eine erkennbare Form gegeben, die unauslöschlich werden sollte. Wie mühsam das Ordnen gewesen sein muss, erkennt man, wenn man zum Beispiel die Charakterisierung des Göttervaters betrachtet. Der wird wahlweise als Wol- 40
kenversammler, Flusserzeuger, Schnee- und Sturmerreger beschrieben. Er ist zwar immer der Göttervater, aber das allein macht ihn nicht allmächtig: Zeus konnte den Ausgang eines Krieges nicht alleine bestimmen, er musste Widerstände überwinden, sich auf 45
Kompromisse einlassen, verwickelte Pläne ersinnen, obwohl er der mächtigste aller Götter war. Warum aber gab sich Homer solche Mühe mit der Strukturierung des Götterhimmels? Warum lag ihm eine Hierarchie so am Herzen? Eine Antwort findet man, wenn 50
man die Politik Griechenlands seiner Zeit betrachtet: Großgrundbesitzer, die ihre Felder nicht mehr selber bestellten, zogen in die Städte und bildeten dort eine aristokratische Oberschicht. Der Himmel der „Ilias" reflektiert diese Verhältnisse. Auch auf dem Olymp 55
liegt die Macht in den Händen einer Familie. Und auch dort muss um die Vorherrschaft gekämpft werden. Die homerischen Götter trafen also den Zeitgeist und gleichzeitig legitimierten sie den Machtanspruch der Adelsfamilien, denn diese führten ihre Stammbäu- 60
me zurück auf die Halbgötter. Als Nachkommen dieser Halbgötter nannten sich die Mitglieder der Oberschicht gerne „von Zeus abstammend". Die politische Bedeutung der Götter ist auch in der Ilias deutlich zu erkennen. In der „Ilias" feierte die Aristokratie sich 65
selbst, ihre Ursprünge und ihre Helden; zugleich verlieh sie ihren Gottheiten Form und Gestalt, wobei sie ihre eigenen Idealvorstellungen auf sie projizierte.

Die Sage von Sisyphos

Sisyphos ist der Gründer und Erbauer von Korinth und herrscht dort als König. Eines Tages wagt er in seinem Übermut, den Unwillen des Zeus auf sich zu lenken. Dieser hat nämlich die Nymphe Aigina entführt und
5 Sisyphos verrät dieses dem Vater Aiginas, dem Flussgott Asopos. Zeus beschließt daraufhin, den Verräter zu bestrafen, und schickt Thanatos, den Tod. Doch der listenreiche Sisyphos zwingt ihn in seine Gewalt und legt ihm so starke Fesseln an, dass seine Macht gebro-
10 chen ist. Auf Erden entsteht große Verwirrung, weil niemand mehr sterben kann. Erst als Ares, der Gott des Krieges, den Tod aus der Gewalt des Sisyphos befreit, kann dieser wieder seines Amtes walten. Der Korintherkönig aber wird vom Kriegsgott ins Schat-
15 tenreich entführt. Doch Sisyphos denkt sich eine neue List aus. Ehe er zum Hades geführt wird, verbietet er seiner Gemahlin, Totenopfer für ihn zu halten. So kann Hades seine Seele in der Unterwelt nicht dulden, weil ihr die schuldigen Opfer auf Erden versagt bleiben. Und Sisyphos genießt unbekümmert an der Sei- 20
te seiner Gemahlin die Freuden der Oberwelt.
Inmitten der Festfreuden steht plötzlich wieder Thanatos vor ihm, der den hilflosen Sisyphos erbarmungslos in die Unterwelt zurückzerrt. Die Strafe, die Zeus dem Frevler auferlegt, ist schrecklich: Sisyphos muss einen 25
mächtigen Marmorstein einen Hügel hinaufwälzen. Doch immer wenn er glaubt, den Stein auf den Gipfel gewälzt zu haben, entrollt der Felsblock im letzten Augenblick seinen Händen und stürzt in die Tiefe. Niemals soll es ihm gelingen, seine Aufgabe zu erfüllen. 30

❏ *Lest euch die Inhaltsangabe zur Sage von Sisyphos aufmerksam durch. Unterstreicht die Hauptaussagen.*

Ausgewählte Heldentaten des Herakles nach Gustav Schwab

Die Hirschkuh Kerynitis

Der dritte Auftrag des Eurystheus war, die Hirschkuh Kerynitis lebendig zu fangen; dies war ein herrliches Tier, hatte goldene Geweihe und eherne Füße und weidete auf einem Hügel Arkadiens. Sie war eine der fünf Hindinnen gewesen, an welchen die Göttin Artemis ihre erste Jagdprobe abgelegt hatte. Diese allein von den fünfen hatte sie wieder in die Wälder laufen lassen, weil es vom Schicksal beschlossen war, dass Herakles sich einmal daran müde jagen sollte. Ein ganzes Jahr verfolgte er sie, kam auf dieser Jagd zu den Hyperboreern und an die Quellen des Isterflusses und holte die Hindin endlich am Flusse Ladon, unweit der Stadt Önoe, am artemisischen Vorgebirge ein. Doch wusste er des Tieres nicht auf andere Weise Meister zu werden, als dass er es durch einen Pfeilschuss lähmte und dann auf seinen Schultern durch Arkadien trug. Hier begegnete ihm die Göttin Artemis mit Apollon, schalt ihn, dass er das Tier, das ihr heilig war, habe töten wollen, und machte Miene, ihm die Beute zu entreißen. „Nicht Mutwille hat mich bewogen, große Göttin", sprach Herakles zu seiner Rechtfertigung, „die Notwendigkeit hat mich gezwungen, es zu tun; wie könnte ich sonst vor Eurystheus bestehen?" So besänftigte er den Zorn der Göttin und brachte das Tier lebendig nach Mykene.

Herakles mistet den Stall des Augias aus

Darauf schickte ihn der König Eurystheus zur fünften Arbeit fort, die eines Helden wenig würdig war. Er sollte den Viehhof des Augias in einem einzigen Tage ausmisten. Augias war König in Elis und hatte eine Menge Viehherden. Sein Vieh stand nach Art der Alten in einer großen Verzäunung vor dem Palaste. Dreitausend Rinder waren da geraume Zeit gestanden und so hatte sich seit vielen Jahren eine unendliche Menge Mist angehäuft, den nun Herakles zur Schmach und, was unmöglich schien, in einem einzigen Tage hinausschaffen sollte.

Als der Held vor den König Augias trat und, ohne etwas von dem Auftrage des Eurystheus zu erwähnen, sich zu dem genannten Dienste erbot, maß dieser die herrliche Gestalt in der Löwenhaut und konnte kaum das Lachen unterdrücken, wenn er dachte, dass einen so edlen Krieger nach so gemeinem Knechtsdienste gelüsten könne. Indessen dachte er bei sich: der Eigennutz hat schon manchen wackern Mann verführt, es mag sein, dass er sich an mir bereichern will. Das wird ihm wenig helfen. Ich darf ihm immerhin einen großen Lohn versprechen, wenn er mir den ganzen Stall ausmistet, denn er wird in dem einen Tage wenig genug hinaustragen. Darum sprach er getrost: „Höre, Fremdling, wenn du das kannst, und mir an einem Tage all den Mist herausschaffst, so will ich dir den zehnten Teil meines ganzen Viehstandes zur Belohnung überlassen." Herakles ging auf die Bedingung ein und der König dachte nun nicht anders, als dass er zu schaufeln anfangen würde. Herakles aber, nachdem er zuvor den Sohn des Augias, Phyleus, zum Zeugen jenes Vertrages genommen hatte, riss den Grund des Viehhofs auf der einen Seite auf, leitete die nicht weit davon fließenden Ströme Alpheos und Peneos durch einen Kanal herzu, und ließ sie den Mist wegspülen und durch eine andere Öffnung wieder ausströmen. So vollzog er einen schmachvollen Auftrag, ohne zu einer Handlung sich zu erniedrigen, die eines Unsterblichen unwürdig gewesen wäre. Als aber Augias erfuhr, dass dies von Herakles im Auftrag Eurystheus geschehen sei, verweigerte er den Lohn und leugnete geradezu, ihn versprochen zu haben; doch erklärte er sich bereit, die Streitsache einem richterlichen Spruche anheimzustellen. Als die Richter beisammen saßen, das Urteil zu fällen, trat Phyleus, von Herakles aufgefordert, auf, zeugte gegen seinen eigenen Vater und erklärte, dass dieser allerdings über einen Lohn mit Herakles übereingekommen sei. Augias wartete den Spruch nicht ab, er ergrimmte und befahl dem Sohne wie dem Fremdling, sein Reich auf der Stelle zu verlassen.

Die Stuten des Diomedes

Als achte Arbeit trug nun sein Vetter dem Herakles auf, die Stuten des Thrakiers Diomedes nach Mykene zu bringen. Dieser war ein Sohn des Ares und König der Bistonen, eines sehr kriegerischen Volkes. Er besaß Stuten, die so wild und stark waren, dass man sie an eherne Krippen mit eisernen Ketten band. Ihr Futter bestand nicht aus Hafer, sondern die Fremdlinge, welche das Unglück hatten, in die Stadt des Königs zu kommen, wurden ihnen vorgeworfen und das Fleisch derselben diente den Rossen zur Nahrung. Als Herakles ankam, war sein Erstes, den unmenschlichen König selbst zu fassen und ihn seinen eigenen Stuten vorzuwerfen, nachdem er die bei den Krippen aufgestellten Wächter übermannt hatte. Durch diese Speise wurden die Tiere zahm und er trieb sie nun ans Gestade des Meeres. Aber die Bistonen kamen unter Waffen hinter ihm her, sodass Herakles sich umwenden und gegen sie kämpfen musste. Er gab die Tiere seinem Liebling und Begleiter Abderos, dem Sohne des Hermes, zu bewachen. Als Herakles fort war, kam die Stuten wieder ein Gelüste nach Menschenfleisch an und Herakles fand, als er die Bistonen in die Flucht geschlagen hatte und zurückgekehrt war, seinen Freund von den Rossen zerrissen. Er betrauerte den Getöteten und gründete ihm zu Ehren die Stadt Abdera. Dann bändigte er die Stuten wieder und gelangte glücklich mit ihnen zu Eurystheus. Dieser weihte die Pferde der Hera. Ihre Nachkommenschaft dauerte noch lange fort, ja der König Alexander von Makedonien ritt noch auf einem Abkömmling derselben. Nachdem Herakles diese Arbeit ausgeführt, schiffte er sich mit dem Heere des Jason, der das goldne Vlies holen sollte, nach Kolchis ein, wovon wir schon erzählt haben.

Die stymphalischen Vögel

Herakles kehrte nun unter neuen Abenteuern zu Eurystheus zurück. Dieser aber wollte die eben vollbrachte Arbeit nicht gültig sein lassen, weil Herakles Lohn dafür gefordert habe. Dennoch schickte er ihn
5 sogleich wieder auf ein sechstes Abenteuer aus und gab ihm auf, die Stymphaliden zu verjagen. Dies waren ungeheure Raubvögel, so groß wie Kraniche, mit eisernen Flügeln, Schnäbeln und Klauen versehen. Sie hausten um den See Stymphalos in Arkadien und
10 besaßen die Macht, ihre Federn wie Pfeile abzudrücken und mit ihren Schnäbeln selbst eherne Panzer zu durchbrechen; dadurch richteten sie in der Umgegend unter Menschen und Vieh große Verwüstungen an und wir kennen sie schon vom Argonautenzuge her. He-
15 rakles, des Wanderns gewohnt, langte nach kurzer Reise bei dem See an, der von einem großen Gehölze dicht umschattet ruhte. In diesem Wald hatte sich eben eine unermessliche Schar jener Vögel geflüchtet, aus

Furcht, von den Wölfen geraubt zu werden. Herakles stand ratlos da, als er die ungeheure Menge erblickte 20 und nicht wusste, wie er über so viele Feinde Meister werden sollte. Auf einmal fühlte er einen leichten Schlag auf der Schulter; hinter sich blickend ward er Athenes Riesenerscheinung gewahr, die ihm zwei mächtige eherne Klappern in die Hände gab, welche 25 Hephästos ihr verfertigt hatte; sie bedeutete ihm, diese gegen die Stymphaliden anzuwenden, und verschwand wieder. Herakles bestieg nun eine Anhöhe in der Nähe des Sees und schreckte die Vögel, indem er die Klappern zusammenschlug. Diese hielten das gel- 30 lende Getöse nicht aus, sondern flogen furchtsam aus dem Walde hervor. Darauf griff Herakles zum Bogen, legte Pfeil um Pfeil an und schoss ihrer viele im Fluge weg. Die andern verließen die Gegend und kamen nicht wieder. 35

Aus: Schwab, Gustav: Die schönsten Sagen des klassischen Altertums, München: Droemersche Verlagsanstalt o. J., S. 122–126

Die zwölf Heldentaten des Herakles

Dieses Material kann als Impuls für eine weitere Lektüre der Heldentaten, z.B. bei Gustav Schwab, genutzt werden, eventuell auch in Verbindung mit der unten angegebenen Aufgabe.

1. Der Löwe im Wald von Nemea in der Landschaft Argolis
- Der Löwe kann mit keinen menschlichen Waffen verwundet werden.
- Keule
- Erwürgen

2. Die Hydra im Sumpf von Lerna in der Landschaft Argolis
- Schlange mit neun Köpfen, von denen acht sterblich sind
- Pro abgeschlagenem Kopf wachsen zwei nach.
- Herkules schlägt mit brennender Fackel auf die nachwachsenden Köpfe.
- Er vergräbt den unsterblichen Kopf.

3. Die Hirschkuh Kerynitis auf einem Hügel Arkadiens
- goldenes Geweih und eiserne Hufe
- soll lebendig nach Mykene
- Herakles verfolgt sie ein ganzes Jahr.
- Pfeilschuss

4. Der Eber in der Nähe des Berges Erymanthos
- verwüstet Gegend
- soll lebendig nach Mykene gebracht werden
- lebt im Dickicht des Waldes
- Jagd durch den Schnee

5. Die Säuberung des Rinderstalls des Augias, König von Elis
- Stall von 3000 Rindern soll an einem Tag gesäubert werden, ist aber mehrere Jahre nicht mehr gereinigt worden
- Umleiten zweier Flüsse

6. Die Raubvögel am See Stymphalos in Arkadien
- Vögel sind groß wie Kraniche, haben eiserne Schnäbel, Flügel und Klauen
- große Verwüstungen
- Athene schenkt Herakles zwei Klappern, von Hephaistos geschmiedet.
- Einige Vögel werden erschossen.

7. Der Stier von Kreta
- richtet große Verwüstungen an
- wird gebändigt, sodass er sich reiten lässt

8. Die Stuten des Diomedes
- sind so wild, dass sie an eisernen Ständern und mit eisernen Ketten festgebunden werden müssen
- ernähren sich von Menschenfleisch
- Herakles wirft Diomedes seinen eigenen Stuten zum Fraß vor, wodurch die Stuten zahm werden.

9. Der Gürtel der Amazonenkönigin Hippolyta
- Herakles zieht mit einigen Gefährten in die Amazonenstadt Themiskyra, um den Gürtel zu holen.
- Es kommt, durch Hera angestachelt, zum Kampf.
- Herakles besiegt die Amazonen, erhält den Gürtel.

10. Die Rinder des Riesen Geryones
- auf der Insel Erythia
- werden bewacht von einem Riesen und einem zweiköpfigen Hund
- Keule, Rinder treiben

11. Die goldenen Äpfel der Hesperiden
- Apfelbaum steht im Westen des Weltmeeres.
- wird bewacht von vier Jungfrauen (Hesperiden) und einem hundertköpfigen Drachen namens Ladon, der nie schläft
- Herakles bittet Atlas, der die Last des Himmelsgewölbes trägt, die Äpfel zu holen.
- Herakles trägt den Himmel für Atlas.
- Atlas kommt mit drei Äpfeln wieder und will den Himmel nicht mehr tragen, weil dieser zu schwer ist.
- Herakles überlistet Atlas, indem er so tut, als ob er sich noch ein Fell für die Last auf die Schultern legen will, Atlas hält in der Zeit den Himmel, Herakles läuft mit den Äpfeln davon.

12. Der Höllenhund Kerberos
- lebt in der Unterwelt
- hat drei Hundeköpfe und einen Drachenschwanz, seine Rückenhaare sind Schlangen, sein Speichel ist giftig
- würgen, gehorchen und fesseln

❒ *Verfasst in eurer Gruppe mithilfe der Stichworte und Hinweise eure eigene Herakles-Sage.*
Wie könnte die Heldentat abgelaufen sein?
Schmückt sie mit möglichst vielen Einzelheiten aus.

Theseus' Geburt und Jugend

Theseus, der große Held und König von Athen, war ein Sohn des Ägeus und der Aithra, der Tochter des Königes Pittheus von Troizen. Seine väterliche Abkunft steigt zu dem Könige Erechtheus und zu jenen
5 Athenern auf, die nach der Sage des Landes aus dem Boden desselben unmittelbar entsprossen waren. Von der Mutter Seite war Pelops, der Mächtigste unter den Königen des Pelopon, sein Ahnherr. Bei einem von dessen Söhnen, Pittheus, dem Gründer der kleinen
10 Stadt Troizen, kehrte der kinderlose König Ägeus von Athen [...] ein, weil er sein Gastfreund war. Diesen Aigeus [...] bekümmerte es schwer, dass seine Ehe mit keiner Nachkommenschaft gesegnet war. [...] So kam er auf den Gedanken, sich heimlich und ohne
15 Wissen seiner Gemahlin noch einmal zu vermählen, in der Hoffnung, er werde so einen Sohn erhalten, welcher die Stütze seines Alters und seines Reiches werden könnte. Er vertraute sich seinem Gastfreunde Pittheus, und das gute Glück wollte, dass gerade die-
20 sem ein seltsames Orakel zuteil geworden war, das ihm verkündigte, wie seine Tochter kein rühmliches Ehebündnis eingehen, aber einen berühmten Sohn gebären werde. Dies machte den König von Troizen geneigt, dem Manne, der schon zu Hause eine Gattin
25 hatte, seine Tochter Aithra heimlich zu vermählen. Als dies geschehen war, blieb Ägeus nur noch wenige Tage zu Troizen und reiste dann wieder nach Athen zurück. Als er am Meeresufer Abschied von seiner neu vermählten Gattin nahm, legte er Schwert und
30 Fußsohlen unter ein Felsstück und sprach: „Wenn die Götter unserem Bunde, den ich nicht aus Leichtsinn geschlossen habe, sondern um meinem Haus und Land eine Stütze zu verschaffen, hold sind und dir einen Sohn gewähren, so ziehe ihn heimlich auf und
35 sage keinem Menschen, wer sein Vater sei. Ist er so weit herangewachsen, dass er die Kraft besitzt, das Felsstück abzuwälzen, so führe ihn an diese Stelle, lass ihn Schwert und Sandalen [Schuhe] hervorholen und sende ihn damit zu mir nach Athen." Aithra gebar
40 auch wirklich einen Sohn, nannte ihn Theseus und ließ ihn unter der Fürsorge seines Großvaters Pittheus aufwachsen; den wahren Vater des Kindes verheimlichte sie dem Befehl ihres Gatten gemäß, und der Großvater verbreitete die Sage, dass er ein Sohn des Poseidon
45 sei. Diesem Gott erwiesen nämlich die Troizenier besondere Ehre als dem Schutzgott ihrer Stadt [...].
Als aber der Jüngling nicht bloß zu herrlicher Körperstärke heranwuchs, sondern auch Kühnheit, Einsicht
50 und festen Sinn zeigte, da führte ihn seine Mutter Aithra zu dem Steine, unterrichtete ihn über seine wahre Herkunft und forderte ihn auf, die Erkennungszeichen seines Vaters Ägeus hervorzuholen und nach Athen zu fahren. Theseus stemmte sich an den Stein und schob ihn mit Leichtigkeit zurück; er band sich 55 die Sohlen unter die Füße und das Schwert an die Seite. Zur See zu reisen weigerte er sich, obgleich Großvater und Mutter ihn inständig darum baten. Der Landweg nach Athen war nämlich damals sehr gefährlich, weil allenthalben Räuber und Bösewichter 60 lauerten. Denn jenes Zeitalter brachte Menschen hervor, welche sich zwar in Leibesstärke und Taten der Faust unüberwindlich zeigten, aber diese Vorzüge nicht zu menschenfreundlichen Handlungen anwandten, sondern ihre Freude an Übermut und Ge- 65 walttaten hatten und alles misshandelten oder vertilgten, was ihnen in die Hände fiel. Einige derselben hatte Herakles auf seinen Zügen erschlagen. [...] Theseus hatte sich längst den Herakles und seine Tapferkeit zum Vorbilde genommen. Als er sieben Jahre 70 alt war, hatte dieser Held seinen Großvater Pittheus besucht, und wie derselbe mit dem Könige zu Tische saß und schmauste, durfte unter andern Knaben der Trözenier auch der kleine Theseus zuschauen. Herakles hatte beim Mahle seine Löwenhaut abgelegt. Die 75 übrigen Knaben nun machten sich, als sie die Haut erblickten, auf die Flucht. Theseus aber ging ohne Furcht hinaus, nahm einem der Diener eine Axt aus der Hand und rannte damit auf die Haut los, die er für einen wirklichen Löwen hielt. Seit diesem Besuche 80 des Herakles träumte Theseus voll Bewunderung des Nachts von seinen Taten, und am Tage sann er auf nichts anderes, als wie er dereinst Ähnliches unternehmen wollte. Auch waren sie blutsverwandt, denn ihre Mütter waren Kinder von Geschwistern. So konnte 85 jetzt der sechzehnjährige Theseus den Gedanken nicht ertragen, dass, während sein Vetter überall die Frevler aufsuche und Land und Meer von ihnen reinige, er die sich ihm darbietenden Kämpfe fliehen sollte. „Was würde", sprach er unwillig, „der Gott, den man mei- 90 nen Vater nennt, von dieser feigen Reise im sichern Schoße seiner Gewässer denken, was würde mein wahrer Vater sagen, wenn ich ihm als Kennzeichen Sandalen ohne Staub und ein Schwert ohne Blut brächte?" Diese Worte gefielen seinem Großvater, der 95 auch ein tapferer Held gewesen war. Die Mutter gab ihm ihren Segen, und Theseus ging davon.

Aus: Schwab, Gustav: Die schönsten Sagen des klassischen Altertums. Köln: Parkland Verlag 1997, S. 210–213

Theseus' Wanderung zum Vater

Der Erste, der ihm in den Weg kam, war der Straßenräuber Periphetes, dessen Waffe eine mit Eisen beschlagene Keule war, von welcher er den Beinamen Keulenschwinger führte und mit der er die Wanderer
5 zu Boden schmetterte. Als Theseus in die Gegend von Epidauros kam, stürzte dieser Bösewicht aus einem finstern Walde hervor und versperrte ihm den Weg. Der Jüngling aber rief ihm wohlgemut zu: „Elender! Du kommst mir eben gelegen; deine Keule wird dem
10 wohl anstehen, der als ein zweiter Herakles in der Welt aufzutreten gesonnen ist!" Mit diesem Ausrufe warf er sich auf den Räuber und erschlug ihn nach einem kurzen Kampfe. Dem Getöteten nahm er die Keule aus der Hand und trug sie als Siegeszeichen und
15 Waffe von dannen.

Einem andern Frevler begegnete er auf der Landenge von Korinth; dieses war Sinnis der Fichtenbeuger, so genannt, weil er, wenn er einen Wanderer in seine Gewalt bekommen hatte, mit seinen riesenstarken
20 Händen zwei Fichtenwipfel herunterzubeugen pflegte; an die band er seinen Gefangenen und ließ ihn von den zurückschnellenden Bäumen zerreißen. Mit der Erlegung dieses Ungeheuers weihte Theseus seine Keule ein. [...]
25 Aber nicht nur von verderblichen Menschen säuberte Theseus den Weg, auf welchem er einherzog; auch gegen schädliche Tiere glaubte er, hierin nicht weniger dem Herakles ähnlich, den Kampf wagen zu müssen. So erlegte er denn unter anderm die Phaia: so hieß
30 das krommyonische Schwein, welches kein gemeines Tier, sondern streitbar und schwer zu besiegen war. Über solchen Taten kam er an die Grenze von Megara und stieß hier auf den Skiron, einen dritten berüchtigten Straßenräuber, der seinen Aufenthalt auf den
35 hohen Felsen zwischen dem Megarerlande und Attika genommen hatte. Dieser pflegte aus frechem Mutwillen den Fremden seine Füße vorzuhalten, mit dem

Befehle, sie zu waschen, und während dies geschah, stürzte er sie mit einem Tritt ins Meer. Dieselbe Todesstrafe vollzog nun Theseus an ihm selber.
40
Schon auf attischem Gebiete, bei der Stadt Eleusis, begegnete er dem Wegelagerer Kerkyon; dieser forderte die Vorbeireisenden zum Ringkampfe auf, und wenn er siegte, brachte er sie um. Theseus nahm seine Ausforderung an, überwand ihn und befreite die Welt 45
von dem Ungeheuer.

Nachdem er nun eine kleine Strecke weitergereist war, kam er zu dem letzten und grausamsten jener Straßenräuber, dem Damastes, den aber jedermann nur unter seinem Beinamen Prokrustes, das heißt der Gliedaus- 50
recker, kannte. Dieser hatte zwei Bettstellen, eine sehr kurze und eine sehr lange. Kam nun ein Fremder in sein Gehege, der klein war, so führte ihn der finstere Räuber beim Schlafengehen zur langen Bettstelle. „Wie du siehst", sprach er dann, „ist meine Lagerstatt für dich 55
viel zu groß; lass dir das Bette anpassen, Freund!" Und damit reckte er ihm die Glieder so lange auseinander, bis er den Geist aufgab. Kam aber ein langer Gast, so brachte er ihn zur kurzen Bettstelle, und zu diesem sagte er: „Es ist mir Leid, Guter, dass mein Lager nicht 60
für dich gemacht und viel zu klein ist, doch dem soll bald geholfen sein!" Und so hieb er ihm die Füße ab, so weit sie das Bett überragten. Diesen, der ein Riese von Natur war, legte Theseus in das kleine Bett des Räubers selbst und schnitt ihm den Leib zusammen, 65
dass er jämmerlich umkam.

So widerfuhr den meisten dieser Verbrecher von der Hand des Theseus nach der Weise ihres eigenen Unrechtes ihr Recht. Auf seiner ganzen bisherigen Reise [zu seiner väterlichen Heimat] war dem Helden nichts 70
Freundliches begegnet.

Aus: Schwab, Gustav, Die schönsten Sagen des klassischen Altertums. Köln: Parkland Verlag 1997, S. 213–215

Theseus und der Faden der Ariadne

Zwei Mal hatte Athen bereits Menschenopfer für den Minotaurus entrichtet. Zwei Mal war ein Schiff mit schwarzen Segeln – als Zeichen der Trauer – von Athen nach Kreta gefahren, um vierzehn junge Män-
5 ner und Frauen als Opfer für den Minotaurus zu schicken.

Das Schiff sollte gerade zum dritten Mal nach Kreta fahren, als ein junger Mann nach Athen kam. Es war der tapfere Theseus, ein Sohn von Poseidon, der
10 schon viele Heldentaten vollbracht hatte. Theseus sah die weinenden Eltern, die unglücklichen jungen Männer und Frauen, die das schreckliche Todeslos gezogen hatten, und sagte: „So geht es nicht weiter! Ihr sollt diesen schrecklichen Tribut nicht weiter ent-
15 richten! Ich werde mit König Minos sprechen, und wenn es sein muss, töte ich den Minotaurus! Ich fahre mit euch mit!"

Der König von Athen, Aigeus, für den der junge Theseus wie ein eigener Sohn war und dem er später
20 seinen Thron überlassen wollte, war bestürzt. Aber Aigeus hielt Theseus nicht zurück.

„Fahre, mein Sohn", sagte er. „Die Götter werden dir helfen. Und wenn du wirklich Erfolg hast, wenn du den Minotaurus getötet hast und diese jungen Frauen
25 und Männer gesund zurückbringst, dann tausche bitte das schwarze Segel aus. Hisse stattdessen ein rotes Segel, damit wir uns alle freuen können, wenn wir das Schiff von Weitem kommen sehen."

Er überreichte Theseus einen Seemannssack, in dem
30 sich ein rotes Segel befand.

König Minos von Kreta pflegte jedes Jahr das Schiff mit den Opfern aus Athen selbst in Empfang zu nehmen. Die jungen Frauen und Männer mussten sich zu beiden Seiten des Schiffes aufstellen, damit der
35 König sie betrachten und zählen konnte. So zählte Minos auch diesmal die Opfer und rief überrascht: „Oh! Ihr seid dieses Jahr aber mehr! Will König Aigeus mir etwa ein Geschenk machen?"

Theseus antwortete: „Wir sind mehr, weil ich mit dir
40 reden möchte, König Minos! Ich habe diese jungen Leute zu dir gebracht, um dir zu zeigen, dass die Athener ihren Verpflichtungen nachkommen. Aber ich bin nicht bereit, sie deinem Ungeheuer zum Fraß vorzuwerfen!"

45 „Wer bist du?", fragte König Minos.

„Ich bin Theseus, Poseidons Sohn. Ich bin bereit, ins Labyrinth zu gehen und mit dem Minotaurus von Kreta zu kämpfen."

„Du armer Irrer!", rief Minos. „Weißt du nicht, dass
50 jeder, der in das Labyrinth hineingeht, sich darin hoffnungslos verirrt und den Weg zurück niemals findet? Das sage ich, König Minos, dir. Ich bin Zeus' Sohn!"

„Du bist kein Sohn von Zeus, Minos. Ein Sohn von
55 Zeus könnte nicht so grausam sein", sagte Theseus.

„Natürlich bin ich Zeus' Sohn!", rief Minos wütend.

„Beweise es!", forderte Theseus den König auf.

„Gut! Ich werde es dir beweisen, Theseus!", sagte der König.

Vor Wut zitternd, hob Minos seine Hände zum Him-
60 mel empor und rief mit donnernder Stimme: „Vater Zeus, beweise, dass ich dein Sohn bin! Vater Zeus, hörst du mich? Beweise, dass ich dein Sohn bin! Ich bitte dich, Vater!"

Der Himmel war wolkenlos. Doch plötzlich donnerte
65 es gewaltig. Ein Blitz kam aus dem wolkenlosen Himmel und schlug im Wasser zwischen den beiden Schiffen ein. Dann noch einer. Und noch einer. Dann wurde es wieder still.

Minos strahlte und schrie: „Hast du das gesehen, du
70 Grünschnabel? Hast du es gehört? Das war mein Vater, der zu mir steht. Leg dich nicht mit mir an. Ich bin grausam, aber ich bin Zeus' Sohn! Und jetzt bist du an der Reihe. Beweise, dass du Poseidons Sohn bist. Hier! Spring ins Wasser und bring mir meinen
75 Ring zurück!"

Minos nahm einen goldenen Ring von seinem Finger und warf ihn ins Meer.

Theseus sprang, ohne zu zögern und ohne ein Wort zu sagen, in die Tiefe. Das Meer verschluckte ihn.
80 Alle warteten gebannt, was jetzt geschehen würde.

Die Zeit verging: eine Minute, zwei Minuten, fünf Minuten, zehn Minuten. Aber Theseus kam nicht zurück.

Minos lachte und rief: „Ertrunken ist er, der arme Ir-
85 re. Wir brauchen gar nicht mehr länger zu warten. Er ist bestimmt schon bei Hades, in der Unterwelt."

Doch plötzlich sahen alle, wie sich das Wasser bewegte und seltsam funkelte. Theseus kam, auf einem Delfin sitzend, aus dem Meer. Eine große Welle
90 brachte ihn zurück an Bord des Schiffes.

Er trug einen Kranz aus goldenen Rosenblüten und Edelsteinen auf seinem Kopf – ein Geschenk von Poseidons Frau, der Meeresgöttin Amphitrite.

Jetzt war Minos sprachlos. Schweigend begleitete er
95 die jungen Athener in seinen Palast.

Dort zog sich König Minos in seine Gemächer zurück. Seine Tochter Ariadne blieb bei den jungen Athenern, die ihr sehr leidtaten.

Warum sollten sie sterben, fragte sie sich, warum?
100 Dann geschah etwas, womit keiner gerechnet hatte. Ariadne verliebte sich Hals über Kopf in Theseus. Sie vergaß, dass sie dem Weingott Dionysos versprochen war und sogar mit ihm verlobt war.

Die Liebe zwischen Ariadne und Theseus kam nicht
105 von ungefähr. Sie war kein Wunder. Aphrodite, die Göttin der Liebe, hatte ihre Hand im Spiel. Aphrodite wollte die Athener retten.

Um Mitternacht, als König Minos schlief, schlich die Königstochter zu Theseus.
110 „Geliebter", sagte sie, „ich glaube, ich weiß, wie wir diese jungen Menschen retten können. Ich weiß einen Ausweg. Meister Daidalos wird helfen. Er ist der Einzige, der das Labyrinth genau kennt! Wir sollten

115 jetzt beide zu ihm gehen. Er weiß sicher einen Weg, wie du den Minotaurus töten kannst. Und er hasst meinen Vater, weil er ihn hier festhält und ihm nicht erlaubt, nach Athen zurückzukehren. Das Labyrinth gilt als Weltwunder. Mein Vater will nicht, dass
120 Daidalos irgendwo ein zweites Weltwunder schafft. Um ihn hier zu halten, hat er ihm vor vielen Jahren seine schönste Sklavin zur Frau gegeben. Sie ist aber bei der Geburt ihres Sohnes Ikaros gestorben. Seitdem lebt der Meister allein mit dem kleinen Ikaros
125 wie in einem Gefängnis. Wachen stehen vor seinem Haus. Gehen wir zu ihm!"

„Aber – die Wachen?", sagte Theseus.

„Ich bin die Tochter des Königs. Und du bist mein Begleiter. Keiner wird uns aufhalten", versicherte
130 Ariadne. In Daidalos' Haus brannte Licht. Der Meister arbeitete, wie so oft, mitten in der Nacht. Er polierte in seiner Werkstatt eine neue Statue.

Daidalos freute sich über den unerwarteten Besuch.

„Bist du nicht Theseus, Poseidons Sohn und der Pfle-
135 gesohn von König Aigeus?", fragte Daidalos.

„Ja, der bin ich!", antwortete Theseus.

„Hast du nicht Peripheres, den schrecklichen Sohn von Hephaistos, vor Jahren getötet?", fragte Daidalos weiter.

140 „Das stimmt. Ich tat es, weil er eine Plage war. Er hatte Hunderte von Menschen mit seiner bronzenen Keule getötet. Deshalb wurde er auch Knüppler genannt. Ich habe Peripheres getötet. Und seitdem habe ich seine bronzene Keule bei mir."

145 Und Theseus zeigte die riesengroße Keule, die er immer bei sich trug. „Junger Held", sagte Daidalos, „ich ahne schon, warum ihr beide hier seid. Ich habe euch im Traum gesehen. Das, was ihr vorhabt, soll geschehen. Es ist Zeit, dem Stier von Kreta ein Ende
150 zu bereiten." „Aber – wie?", fragte Ariadne besorgt. „Man sagt, kein Schwert und kein Speer könne sein Fell durchbohren."

„Das stimmt. Der Minotaurus ist unverletzbar, aber er ist nicht unsterblich", erklärte Daidalos.

155 „Ich werde ihn erwürgen oder erschlagen!", sagte Theseus.

„Warte, mein Sohn. Lass uns alle zusammen überlegen. Drei Köpfe sind besser als einer."

Daidalos, Theseus und Ariadne dachten nach. Nach
160 kurzer Zeit brach Daidalos das Schweigen und sagte: „Ich hab's. Der Minotaurus ist halb Mensch, halb Stier. Und wie jeder Stier hat er eine große Schwäche: Er wird blind vor Wut, wenn er Rot sieht! Dann vergisst er alles andere um sich herum und greift das
165 Rote an. Du brauchst also nur ein rotes Tuch vor ihn zu halten, und er wird nicht dich, sondern das Tuch angreifen."

„Verstehe!", sagte Theseus und nickte. „Und dann schlage ich mit der Keule auf seinen Rücken und töte
170 ihn! Aber wie komme ich zurück? Ich habe gehört, dass die Wege im Labyrinth so verwirrend sind, dass keiner, der einmal drin ist, je wieder hinausfindet."

„Das stimmt", bestätigte Daidalos. „Aber es gibt auch hierfür eine Lösung."

„Und die wäre?", fragte Theseus gespannt. 175

„Du wirst den Weg zurück finden, wenn du ein Garnknäuel mitnimmst", sagte Daidalos. „Ariadne soll das eine Ende des Garnknäuels festhalten und am Eingang des Labyrinths auf dich warten. Du läufst mit dem Garnknäuel in das Labyrinth. Wenn du später 180 wieder hinauswillst, musst du nur dem Garn folgen." Und genau so machten sie es.

Daidalos gab Theseus ein rotes Tuch und Ariadne ein riesiges Garnknäuel und wünschte ihnen viel Erfolg.

„Die Götter sollen euch beistehen!", sagte er zum 185 Abschied.

Am Eingang des Labyrinths angekommen, sagte Ariadne: „Ich bleibe hier und halte das eine Ende, mein Geliebter. Geh vorsichtig hinein und wickle das Knäuel dabei ab. Ich werde warten und die Götter 190 bitten, dass alles gut geht! Wenn der Kampf zu Ende ist, folge einfach dem Faden. Dann kommst du wieder hierher, in meine Arme!"

Sie küssten sich, Theseus nahm das rote Tuch und das riesige Garnknäuel in eine Hand, die bronzene 195 Keule in die andere, und mit den Worten „Vater Poseidon, hilf mir, bitte!" betrat er das Labyrinth.

Der Kranz auf seinem Kopf warf ein blaues Licht, und er konnte den Weg gut erkennen.

Er wickelte das Garn immer weiter ab, bis er in den 200 runden Raum kam, in dem der Minotaurus schlief.

Kaum hatte Theseus den Raum betreten, witterte das Ungeheuer ihn und sprang auf. Es sah das rote Tuch, das Theseus schwenkte, und fing schrecklich an zu brüllen. Dann stürzte sich der Minotaurus auf das 205 Tuch.

Theseus ließ das rote Tuch auf den Boden fallen und sprang schnell zur Seite.

Während das Ungeheuer mit dem Tuch beschäftigt war, schlug Theseus mit aller Kraft die schwere 210 Bronzekeule auf den Rücken des Minotaurus.

Mit gebrochenem Rückgrat fiel das Ungeheuer hilflos zu Boden.

Es war auf der Stelle tot.

Jetzt brauchte Theseus sich nur umzudrehen und Ari- 215 adnes Faden zu folgen. Dabei wickelte er das Garnknäuel langsam wieder auf.

So kam er zum Ausgang, wo Ariadne ihn mit offenen Armen empfing.

Jetzt wollten Theseus und Ariadne Kreta sofort ver- 220 lassen.

Ariadne hatte Angst, und das zu Recht: „Mein Vater wird uns mit seinen Schiffen verfolgen. Er wird mich zurückholen! Ich bin Dionysos versprochen! Dionysos wird meinem Vater helfen!" 225

Sie gingen zu Daidalos, um sich zu verabschieden. Er sagte: „Dein Vater, Ariadne, wird dich nur verfolgen, wenn die Schiffe seetüchtig sind. Aber jetzt ist noch Nacht. Ihr könnt jedem Schiff ein Loch in den Bug

103

230 schlagen. Dann wird es lange dauern, bis die Schiffe repariert sind."

„Danke, Daidalos. Du hast uns gerettet!", sagte Ariadne.

Theseus lief zum Hafen und schlug Löcher in Minos' 235 Schiffe. Ariadne weckte die jungen Athener. Als sie ihnen erzählte, dass der Minotaurus tot sei, konnten die Armen ihr Glück gar nicht fassen.
Sie waren gerettet.
Dann segelten sie nach Athen zurück.
240 Alle waren so glücklich, dass sie vergaßen, das schwarze Segel durch das rote Segel auszutauschen.
Das war ein großer Fehler.
König Aigeus, der Tag und Nacht von seiner Burg aus Ausschau nach dem Schiff gehalten hatte, sah es 245 nun mit schwarzen Segeln zurückkommen.

„Oh, großer Zeus, sie sind alle tot!", rief er verzweifelt und stürzte sich in die Tiefe.

So wurde Theseus, sein Pflegesohn, König von Athen. Er wurde ein sehr guter König.
Aber was geschah mit Ariadne? 250
Sie heiratete den Gott Dionysos, dem sie versprochen war. Einem Gott kann man nämlich die Verlobte nicht wegnehmen.
Das berühmte Garnknäuel, der sogenannte Faden der Ariadne, ist heute in einem griechischen Museum 255 ausgestellt.

Aus: Dimiter Inkiov: Die spannendsten griechischen Sagen. Hamburg: Ellermann Verlag 2001, S. 32 ff.

Phädra

Das Alter des Theseus sollte nicht unter dem Glücks-
stern stehen, der seinem jugendlichen Heldenleben
geleuchtet hatte. Als seine Gemahlin Hippolyte gestorben war, suchte der Vereinsamte neues Lebens-
5 glück in der Ehe mit der schönen Phädra, einer jün-
geren Schwester der Ariadne. Doch die schöne Frau,
die an Gestalt und Klugheit der ersten Gemahlin glich,
war ihr nicht gleich an Treue und Edelmut. Sie warf
bald die Augen begehrlich auf den jungen Hippolytos
10 [Theseus' Sohn]. Zwar war sie sich des Unrechts, das
sie beging, bewusst und suchte die Neigung zu be-
kämpfen, doch die Leidenschaft war stärker als ihr
Wille. Auch fand sie Unterstützung bei ihrer alten
Amme, die sie in ihrer Liebe zu dem schönen Jüngling
15 bestärkte. Ja, die Amme ging in Theseus' Abwesenheit so weit, den Jüngling in Phädras Namen aufzu-
fordern, den eigenen Vater vom Thron zu stoßen und
die Herrschaft mit ihr zu teilen. Der unschuldige Hippolytos war über diese Aufforderung so entsetzt, dass
20 er mit seiner Stiefmutter nicht mehr unter einem Dach
weilen wollte. Er eilte zum Hain der Göttin Artemis,
der er sein Leben geweiht hatte, und beschloss, dort
die Rückkehr des Vaters abzuwarten.
Die harte Zurückweisung durch Hippolytos, die
25 Scham vor sich selbst, die Furcht vor dem Zorn des
Königs Theseus und ihre in leidenschaftlichen Hass
umgeschlagene Liebe trieben Phädra in den Tod.
Aber rächen wollte die sich noch als Tote an Hippolytos. Theseus fand in ihren Händen einen Brief, in
30 dem sie den Jüngling bezichtigte, sie gegen ihren Ge-
mahl aufgehetzt und in den Tod getrieben zu haben.
Voll Entsetzen über diesen unfassbaren Schicksals-
schlag stand Theseus vor der Leiche des geliebten
Weibes. Doch dann flehte er in maßlosem Abscheu
35 die Rache Poseidons, seines Schutzgottes, auf den
verworfenen Sohn herab: „Lass mich, ich bitte dich,
an diesem Tag die Sonne nicht mehr untergehen sehen." In diesem Augenblick kehrte Hippolytos, der
von Theseus' Rückkehr erfahren hatte, von der Jagd
heim, um dem Vater alle Schändlichkeiten der Stief- 40
mutter zu offenbaren. Auf Theseus' Fluchworte antwortete er mit der Ruhe des guten Gewissens. Doch
der Vater zeigte ihm die letzten Zeilen der Toten. Von
einer Rechtfertigung wollte er nichts wissen; er ver-
wies den Sohn aus dem Land und wiederholte dabei 45
seine entsetzliche Bitte an Poseidon.
Am Abend des gleichen Tages, ehe die Sonne un-
terging, erfüllte sich der Fluch des Vaters. Als der
unschuldige Hippolytos, dem Verbannungsbefehl ge-
horchend, die Stadt verließ und die Straße am Meere- 50
sufer entlangfuhr, spie die See ein furchtbares Ungeheuer aus, das die Pferde scheuen ließ. In ihrer Angst
vor dem Untier, das ihnen bald den Weg versperrte,
bald ihnen zur Seite glitt, scheuten die Rosse, der
Wagen stürzte um und der unglückliche Hippolytos, 55
der doch ein Meister im Wagenlenken war, wurde auf
den Felsen zu Tode geschleift.
Während Theseus die Nachricht vom Tod des Hippolytos, den er für eine gerechte Strafe seiner Freveltat
ansah, ungerührt hinnahm, stürzte wehklagend die 60
Amme zu ihm herein. Schreckliche Gewissensbisse
zwangen sie, die Schuld der Stiefmutter zu offenbaren. So hatte Theseus an einem Tag sein Weib und
seinen Sohn verloren.
Die Athener zeigten ihm, den sie einst als ihren 65
Schutzgott verehrt hatten, nicht mehr die schuldige
Dankbarkeit, wandten sich später sogar einem Gegen-
gott zu und ließen den Helden, der dem Land und
seiner Vaterstadt so viele Wohltaten erwiesen hatte, in
die Verbannung ziehen und dort einen einsamen Tod 70
finden.

Aus: Carstensen, Richard: Griechische Sagen. Die schönsten Sagen
des klassischen Altertums von Gustav Schwab. Deutscher Taschenbuch Verlag München 2000, S. 169–171

Das griechische Theater

An der Südseite des Akropolis-Felsens befindet sich das älteste griechische Theater, das Dionysos-Theater mit 1700 Plätzen. Das Wort „Theater" kommt von dem griechischen Wort für „sehen/schauen". Hier se-
5 hen also Zuschauer ein Schauspiel. Ein griechisches Theater besteht aus einem oft in den Fels gehauenen, halbkreisförmigen Zuschauerraum, der kreisförmigen Orchestra, wo der Chor auftrat, sang und tanzte, und der Skene. Die Skene bestand aus der Bühne und
10 einem Bühnengebäude, wo sich die Schauspieler umzogen. Der Chor konnte für einzelne Schauspieler Partei ergreifen, oft handelte er auch als Mahner oder Warner, denn der Chor kann alles früher als die Zuschauer erahnen. Die ausschließlich männlichen
15 Schauspieler im griechischen Theater, die in einem Stück mehrere Rollen übernehmen mussten, trugen Masken. So konnte ein Schauspieler in einem Stück z.B. ein Mädchen, einen alten Mann und einen Helden darstellen. An den Masken konnten aber auch die Zuschauer noch aus der obersten Reihe Charaktereigen- 20 schaften und Gefühle der dargestellten Personen ablesen. Mikrofone und Lautsprecheranlagen gab es damals natürlich nicht, die brauchte man aber auch gar nicht. Die Akustik (abgeleitet von dem griechischen Wort für „hörbar", gut zu hören) in einem grie- 25 chischen Theater ist auch heute immer noch so gut, dass selbst ein Zuschauer in der obersten Reihe jedes Wort, ja selbst Atemgeräusche und das Rascheln der Kleidung hören kann. Bei lauten Geräuschen, wie z.B. Donnergrollen, müssen die Zuschauer wohl richtig 30 zusammengezuckt sein. Erzeugt wurde es, indem man ein mit Steinen gefülltes Bronzefass über eine Metallplatte rollte.

Aus: Tewes-Eck, Roswitha/Dunkel, Erich: Griechische Antike. Paderborn: Schöningh 1999, S. 42

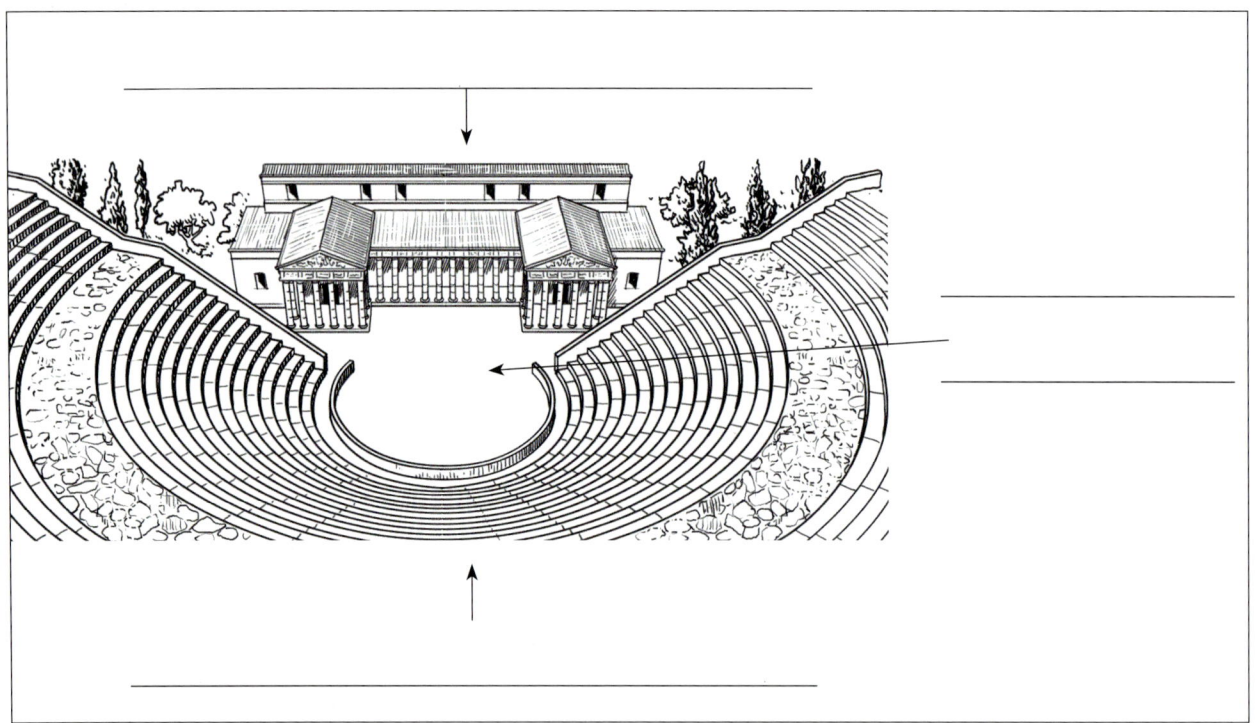

❐ *Beschrifte die Zeichnung eines griechischen Theaters. Wenn du weißt, welche Begriffe wir von Orchestra und Skene abgeleitet haben, schreibe sie dazu.*

❐ *Ist im folgenden Text das eine richtig oder das andere? Streiche das Falsche einfach durch.*

Die Theatervorstellungen dauerten *zwei Stunden – vom frühen Morgen bis zum späten Abend*. Deshalb brachten alle Zuschauer nicht nur weiche Kissen, sondern auch etwas zu essen und zu trinken mit. Aufgeführt wurden an einem Tag drei Tragödien und eine Komödie.

Die *Tragödie-Komödie* hat ein ernstes Thema. Das *Unglück-Glück*, das über den Helden hereinbricht, versetzt die Zuschauer in Angst und Schrecken, man-che weinen sogar aus Mitleid. So wurde und wird heute noch die traurige Geschichte von König Ödipus als *Tragödie-Komödie* aufgeführt.

Die *Tragödie-Komödie* dagegen bringt die Zuschauer mit Scherzen und Spottliedern zum Lachen.

❐ *Schreibe unter jede der abgebildeten Masken, welche Charaktereigenschaften und Gefühle sie ausdrückt.*

Aus: Tewes-Eck, Roswitha/Dunkel, Erich: Griechische Antike. Paderborn: Schöningh 1999, S. 42f.

107

Ein Regiebuch erstellen

1. Wenn ihr ein Regiebuch erstellen wollt, solltet ihr euch zunächst klarmachen, welche Personen in eurer Szene vorkommen. Schreibt diese auf.

_____

_____

_____

_____

_____

_____

_____

_____

_____

_____

2. Überlegt dann, welche Eigenschaften die Personen haben und wie sie sprechen könnten. Dies hilft euch bei den späteren Regieanweisungen. Ihr müsst dazu den Text noch einmal genau lesen.

Person	Eigenschaften

3. Verfasst nun euer Regiebuch, indem ihr die Rollen in der Reihenfolge aufschreibt, in der sie sprechen. Notiert dann, was sie sagen und wie sie es sagen könnten. Nutzt dazu euer Heft oder Karteikarten, die ihr beim späteren Vortrag verwenden könnt.

Aufbau eines Regiebuchs (Beispiel)

Rolle	Text	Spielanweisung
Theseus	„Ich werde mit König Minos sprechen. Der furchtbare Tribut muss aufhören. Und wenn es sein muss, fahre ich selbst nach Kreta!"	spricht laut, heroisch, entschlossen
Aigeus	„Fahre, mein Sohn, besiege den Minotaurus und tausche die Segel aus, damit wir uns alle freuen können!"	spricht zunächst besorgt wegen seines Sohnes, dann hoffnungsvoll und freudig

Rückmeldung zum szenischen Spiel

Klasse: _____   Datum: _____

Thema: Germanische Göttersagen
Das lernst du: Den Inhalt einer Sage in einem szenischen Spiel umsetzen

Sage: _____

Aufgabe:

❐ *Beobachte das szenische Spiel deiner Mitschülerinnen und Mitschüler genau. Achte auf die folgenden Kriterien und mach dir Notizen. Gib deinen Mitschülerinnen und Mitschülern eine Rückmeldung, indem du zunächst sagst, was gut gelungen ist, und anschließend mögliche Verbesserungsvorschläge machst.*

Kriterium	+	0	–	Verbesserungsvorschlag
Ihr habt eure Texte und Rollen gut vorbereitet und gut vorgetragen.				
Ihr habt die Gefühle und Haltungen der Personen gut dargestellt .				
Eure Darstellung der Figuren passt zum Text.				

Eigene Notizen:

_____
_____
_____
_____
_____
_____
_____
_____
_____
_____
_____
_____
_____
_____
_____
_____

Literaturhinweise

Brommer, Frank: Theseus. Die Taten des griechischen Helden in der antiken Kunst und Literatur. Darmstadt: Wissenschaftliche Buchgesellschaft 1982

Carstensen, Richard: Griechische Sagen. Die schönsten Sagen des klassischen Altertums von Gustav Schwab. München: Deutscher Taschenbuch Verlag[2] 2000

Frenzel, Elisabeth: Stoffe der Weltliteratur. Stuttgart: Kröner 1998

Homer: Ilias. Odyssee, übersetzt von Johann Heinrich Voß, München: Deutscher Taschenbuch Verlag 2002

Inkiov, Dimiter: Die spannendsten griechischen Sagen. Hamburg: Ellermann Verlag 2007

Nickel, Rainer (Hrsg.): Homer. Odyssee. Griechisch-deutsch, übersetzt von Anton Weiher, Düsseldorf und Zürich: Artemis und Winkler Verlag 2000

Schwab, Gustav: Die schönsten Sagen des klassischen Altertums. Köln: Parkland Verlag 1997

Tewes-Eck, Roswitha/Dunkel, Erich: griechische Antike. Paderborn: Verlag Ferdinand Schöningh 1999

Tripp, Edward: Reclams Lexikon der antiken Mythologie. Stuttgart: Reclam Verlag[3] 1981

Walter, Hans: Griechische Götter. Ihr Gestaltwandel aus den Bewusstseinsstufen des Menschen dargestellt an den Bildwerken. München: Piper Verlag 1971

Waldherr, Franz: Antike Sagen. Paderborn: Schöningh Verlag 2000 (ausgewählt und bearbeitet von Elsbeth Schulte-Goecke, hrsg. von Johannes Diekhans, neu bearbeitet von F.W.)

Bildnachweis

|akg-images GmbH, Berlin: 7, 7; Album/Prisma 93, 94; Mermet, Gilles 86. |Alamy Stock Photo (RMB), Abingdon/Oxfordshire: ART Collection 60; Falkenstein, Heinz-Dieter 62. |Berghahn, Matthias, Bielefeld: 20, 21, 21, 21, 21, 21, 21, 21, 21, 21, 21, 21, 22, 22, 22, 22, 22, 22, 22, 22, 22, 22, 22, 49, 68, 79, 80, 81, 82, 83, 83, 83, 83, 84, 96, 106. |Picture-Alliance GmbH, Frankfurt a.M.: akg-images 7. |stock.adobe.com, Dublin: portokalis 107.